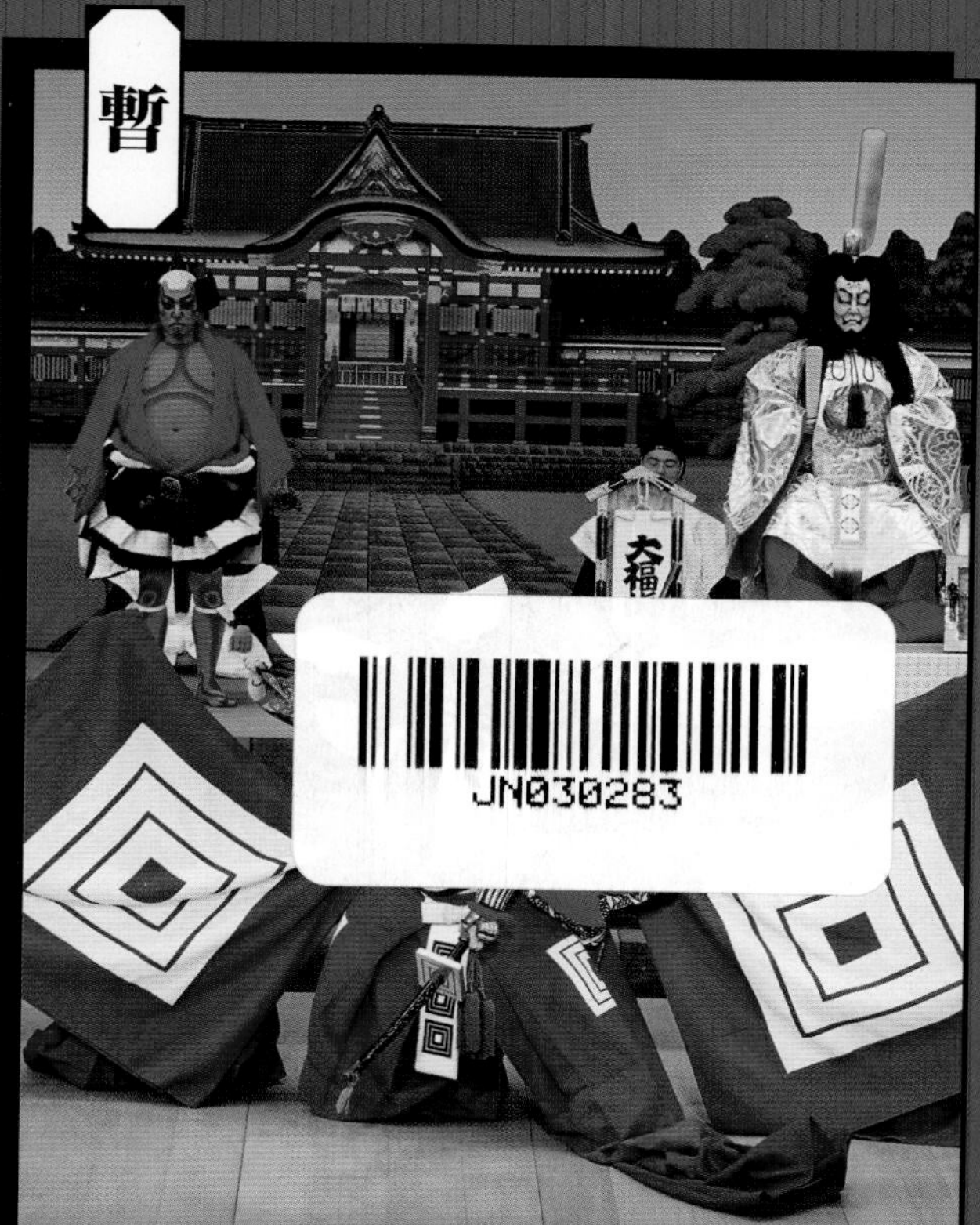

鎌倉権五郎（十二代目市川團十郎）と敵役である「ウケ」の清原武衡（四代目市川左團次）。ウケの横には「大福帳」が飾られている（平成15年5月、歌舞伎座／写真提供：松竹株式会社）

廓文章

放蕩のあげく落ちぶれ、粗末な着物――紙衣を着た伊左衛門（四代目坂田藤十郎）が、久しぶりに恋人夕霧（二代目中村魁春）と会う（平成20年11月、歌舞伎座／写真提供：松竹株式会社）

仮名手本忠臣蔵

恋人お軽との逢引きのため主君の大事に馳せ参じることができなかったことを悔やんだ早野勘平（七代目尾上菊五郎）は駆けつけた千崎弥五郎（二代目澤村藤十郎）、原郷右衛門（三代目河原崎権十郎）に切腹しながらもその心境を告白する（昭和48年12月、国立劇場大劇場／写真提供：国立劇場）

楼門五三桐〈山門〉

極彩色の山門がせり上がる中、「絶景かな～」と春の眺めを愛でる石川五右衛門（二代目尾上松緑）は生涯の仇である真柴久吉（七代目尾上梅幸）と初めて対面する（平成元年2月、歌舞伎座／写真提供：松竹株式会社）

積恋雪関扉

黒い公家装束で巨大な鉞を手にした大伴黒主（十二代目市川團十郎）と見事な「海老ぞり」の墨染（五代目坂東玉三郎）。この舞踊のクライマックスの一場面である（平成3年1月、国立劇場大劇場／写真提供：国立劇場）

東海道四谷怪談

毒を飲まされ崩れた顔になっても、お岩（六代目中村歌右衛門）はせめてもの身だしなみをと髪をすき始める。するとすくたびに髪が抜け落ちて……（昭和48年9月、歌舞伎座／写真提供：松竹株式会社）

三人吉三廓初買

百両をめぐって斬り合うお嬢吉三（七代目尾上菊五郎）とお坊吉三（二代目中村吉右衛門）の仲裁に入った和尚吉三（十二代目市川團十郎）。互いに「吉三」という名を持つ三人は和尚を兄貴分として義兄弟の契りを結ぶ（平成12年2月、歌舞伎座／写真提供：松竹株式会社）

歌舞伎の中の日本

松井今朝子

集英社文庫

歌舞伎の中の日本

目次

はじめに

かつて歌舞伎をギリシャ神話に出てくる鵺《ぬえ》的な異質同体怪獣「カイミーラ（キメラ）」にたとえたのは、明治のマルチ文学者、坪内逍遙《つぼうちしょうよう》でした。逍遙はそれほどに歌舞伎をひと口で語るのは難しい演劇だと見ていたのです。しかし、ここにまた別の見方もできるということを提唱します。

現在、私たちが見ている歌舞伎は、もともと一つのまとまった意図に沿って一どきに創造されたものでは全くありません。長い年月をかけて上演された無数のレパートリーの中から残されたものを見ているのですから、たとえるなら地層の断面図にも似ていると考えられます。底のほうに三葉虫があれば、上のほうにはアンモナイトがいて、さらに上には恐竜の骨が見える、というふうにレパートリーを成立年代順に見ていけば、そのバラエティーに富んだ姿も非常に理解しやすくなるでしょう。

歌舞伎の語源は、最先端のファッションや規格ハズレの言動でインパクトを与える人びとを指した「傾《かぶ》き者」に求められるくらいですから、多くのレパートリーはそれらが成立した時点では、エンターテイメントの最前線だったはずです。たとえばテレビが誕生してから今日までの間でも番組の傾向がずいぶんと変わったように、歌舞伎のレパートリーも成立した時代によって性質が異なるのは当たり前だと考えてください。テレビにはいくつものチャンネルがあるように、歌舞伎にも多くの劇場があって、そこで毎年上演される夥《おびただ》しい数のレパートリーの中から、時代の波に洗われてしぶとく生き残ったのが今の私たちが見る歌舞伎なのです。

小説を書くようになる以前、私は歌舞伎の台本を書く仕事をしていました。それを口にするとよく「歌舞伎の台本？　歌舞伎って昔からあったんじゃないんですか？」と言われたものです。昔からあったというよりも、昔だれかが作ったからこそ今日にあるのだし、それをまた昔のままでなく、時代に合わせて少しずつ作りかえてきたからこそ今日に残ったのが歌舞伎だということをまず知っておいてください。

歌舞伎に限らず、なぜか日本人は自国の文化に対して「ひとごと」になりがちなところが見受けられます。「昔からあるものなんだから、たぶんありがたいんだろうな」というふうに、歌舞伎をひとごと感覚で見ている人も多いのではないでしょうか。そうではなくて、歌舞伎はまぎれもない私たちの祖先が作りあげたものだという認識も必要です。

なぜなら現在見られる歌舞伎は時代の波に洗われて残ったもの、すなわち、あらゆる時代の多くの観客によって無意識のうちにセレクトされたのであり、そこにいわば大いなる民意の反映があるからです。

歌舞伎を見れば、私たちの祖先がどんなストーリーやシチュエーション、あるいは表現方法を好んだかということがわかります。それはある意味で私たち自身のセンスを知ることにつながるかもしれません。

歌舞伎はさまざまな先行芸能や同時代の芸能、さらには同時代のあらゆる文化や風俗を巧みに取り込んで今日に残してくれています。私たちの祖先がごく日常的に使っていたもので、今や歌舞伎の舞台でしか見られない品々はごまんとあります。逆に私たちが今ふつうに使っている、たとえば「黒幕」や「さしがね」や「どんでん返し」といった言葉は歌舞伎の用語に由来するのですから、いかにその影響力が大きかったかもわかるでしょう。

学校で教わる日本史ではもっぱら英雄や偉人の業績を知らされますが、それだけでは本当に歴史を学んだことにはなりません。小説を書く私にとって、歌舞伎はその時代に生きたふつうの人びとの暮らしぶりやメンタリティーを知る重要な手がかりを与えてくれるものです。

歌舞伎を知ることは、私たち日本人を知ることにほかなりません。映画もテレビもゲームもスポーツ観戦も、ほかの娯楽がほとんどなかった遠い時代、芝居小屋につめかけた日本人の心を強く惹《ひ》きつけ熱くさせたものは一体なんだったのだろう、と思いを馳《は》せて舞台を見るのも、歌舞伎の一つの楽しみ方ではないでしょうか。

先に述べたように、歌舞伎は地層の断面図になぞらえて成立年代順に見ていけばわかりやすいはずなので、この本では今日の有名なレパートリー十本を地層の底のほうから順番に取りあげます。そしてそれぞれの成立の仕方や当時の観客の受け取り方を探ることによって、今も昔もあまり変わらない、あるいは変わってしまった日本人のセンスやメンタリティーを再確認し、それが生みだした歌舞伎の面白さを再発見できるように努めます。

歌舞伎の歴史と本書の構成

慶長八（一六〇三）
徳川家康が江戸幕府を開く

出雲のお国が京都四条河原でかぶき踊りを興行。
お国のかぶき踊りをまねた「遊女歌舞伎」の流行。
遊女歌舞伎の禁止。美少年が演じる「若衆歌舞伎」の流行。

寛永十四（一六三七）
島原の乱

若衆歌舞伎の禁止。
前髪を剃った青年男性が演じる「野郎歌舞伎」の時代へ。

第一章　お約束のヒーロー登場――『暫』

●市川團十郎が江戸で「荒事芸」を確立。

近松門左衛門が活躍し、元禄上方歌舞伎の全盛時代を築く。

元禄時代

第二章　光源氏の末裔――『廓文章』

●坂田藤十郎が上方で「和事芸」を確立。

元禄十五（一七〇二）
赤穂浪士討ち入り

享保元（一七一六）
享保の改革

「心中物」の禁止。
人形浄瑠璃の人気作を歌舞伎化して上演する「義太夫狂言」が盛んに。

第三章　身替わり劇のメカニズム――『菅原伝授手習鑑〈寺子屋〉』

●「時代物」の流行。

第四章　人間を省みる動物ファンタジー――『義経千本桜〈四ノ切〉』

年	出来事	章	内容
		第五章　あなたは本当の「忠臣蔵」をご存知ですか？・――『仮名手本忠臣蔵』	●「侠客物」の流行。
		第六章　任侠の原点――『夏祭浪花鑑』	並木正三が回り舞台を完成。このころ舞台の改良が進む。
安永元（一七七二）	田沼意次老中となる	第七章　道具によるモンタージュ――『楼門五三桐〈山門〉』	●「謀叛人劇」の登場。
		第八章　メルヘン舞踊の粋――『積恋雪関扉』	●「舞踊劇」のピーク。
天明七（一七八七）	寛政の改革		
文化・文政年間		第九章　和製ホラーの女王――『東海道四谷怪談』	●鶴屋南北の活躍。「生世話物」の開拓。
天保十二（一八四一）	天保の改革		
嘉永六（一八五三）	ペリー来航	第十章　幕末版「俺たちに明日はない」――『三人吉三廓初買』	●河竹黙阿弥の活躍。「白浪物」の流行。
慶応三（一八六七）	大政奉還		「散切物」の開拓。演劇改良運動が盛んになり、歌舞伎は古典演劇として定着していく。

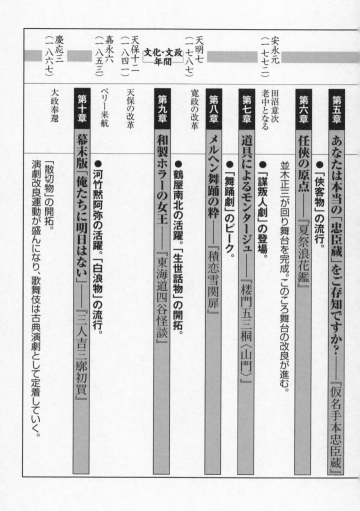

歌舞伎の中の日本

第一章

お約束のヒーロー登場——『暫』

「しばらく」の声とともにやって来る

歌舞伎はそれぞれの時代の観客の視線にさらされ、セレクトされながら受け継がれてきました。今ある作品は一どきに作りあげられたものではなく、バージョンアップを繰り返し、バリエーションを増やすことで生きのびてきたものなのです。そうした変遷のサンプルとして、現在見ることのできる「歌舞伎の地層断面図」の中で最古層に属するものの一つ『暫《しばらく》』を取りあげます。

主人公が、「しばらく」というセリフとともに登場することでおなじみの舞台。鬢《びん》が張り出した「車鬢《くるまびん》(1)」という頭、顔には「筋隈《すじぐま》(2)」と呼ばれる隈取《くまどり》をして力強さを表現し、巨大な袖の素袍《すおう》(3)を身につけ、二メートル強の大太刀《おおだち》を差したその姿は、歌舞伎を代表するイメージにもなっています。

このストーリーはごく単純です。天下を自分のものにしようと目論《もくろ》む大悪人が、善良な男女を捕まえ、配下の者が彼らの首をはねようとしています。そのときまず「しばらく」の声がかかり、花道から主人公が登場。弁舌と腕力で悪人をこらしめ、捕らえられていた人びとを救出して颯爽《さっそう》と退場する。ただそれだけの芝居ですが、顔と体が真っ赤で大きな腹を突き出した「腹出《はらだ》し」や、おさげ髪に似たヘアスタイルの「鯰坊主《なまずぼうず》」な

◆代表的な隈取◆

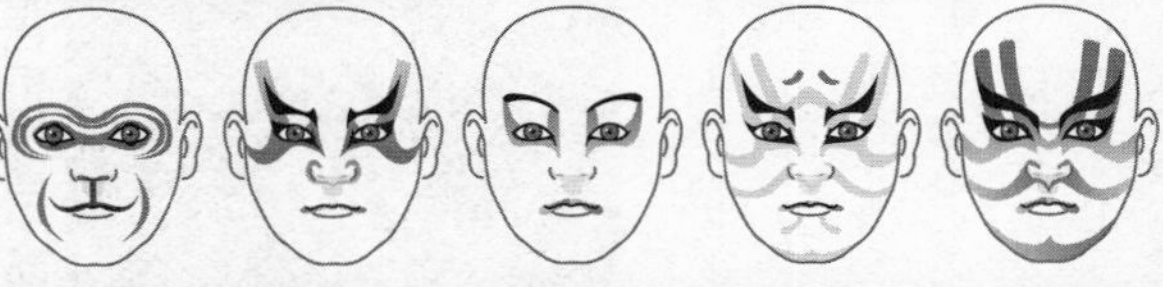

猿　隈 さるぐま　一本隈 いっぽんぐま　剥身隈 むきみぐま　公家荒 くげあれ　筋　隈 すじぐま

ど、ユニークなキャラクター満載の賑《にぎ》やかな舞台になります。

ちなみに「暫」というのは本来、演目名あるいは役名というよりは、そこに登場する役柄の名称つまりキャラクター名なのですが、それについては順次触れていきましょう。

この主人公が登場する芝居が初めて上演されたのは、十七世紀末のこと。そのときの形がそっくりそのまま今日に残っているわけではなく、だんだんにバージョンアップされているのですが、オリジナルは歌舞伎の最古層にあるので、その舞台が当初はどこがどう人びとに受けたのか、そしてそこから何が後世に残っていったのかについて見ていきたいと思います。

稚気あふれる新進スターの誕生

「暫」を初演したのは初代市川團十郎《いちかわだんじゅうろう》という役者でした。

それより少し前の十七世紀半ばに、江戸では「きんぴら浄《じょう》瑠《る》璃《り》」(4)という人形芝居が流行しました。酒呑童子《しゅてんどうじ》のお話に

◆初代市川團十郎◆

初代團十郎が演じる竹抜き五郎。顔や体を真っ赤に塗ったアクションヒーロー（鳥居清倍筆「市川團十郎の代々」より）

出てくる坂田金時《きんとき》や渡辺綱《つな》などの二世たちが活躍する人形劇で、きんぴら＝金平とは坂田金時の息子の名前。料理の「きんぴらごぼう」の語源にもなったといわれる人物です。

きんぴら浄瑠璃は人形の首を引っこ抜いたり、叩《たた》きつけたりするバイオレンスアクションが受けて大いに流行《はや》った人形劇で、その主人公である坂田金平を、初代團十郎は顔と全身を真っ赤に塗って舞台で演じてみせたとされています。今でいうならアニメのアクションヒーローを生身の俳優が演じるようなもので、團十郎が披露したその荒々しい演技は「荒事《あらごと》」と呼ばれるようになります。

團十郎が全身を真っ赤に塗って生み出したヒーローは、当然ながら出発点からして非常に稚気《ちき》あふれるものでした。現代アートで世界を席巻《せっけん》した村上隆が、「かわいさを重視する文化[5]」こそが日本を世界にアピールできる点だとした主張を思い起こさせる、かわいいニューヒーローを演じた稚気あふれる新進スターの誕生。それこそが初代團十郎という人の原点でした。

異次元の権威 vs. 民衆のヒーロー

話を「暫」に戻しましょう。初代團十郎が「暫」を演じた『参会名護屋《さんかいなごや》』という芝居のストーリーが、「絵《え》入《いり》狂言本《きようげんぼん》」(6)と呼ばれる、当時のパンフレットの筋書きのようなものに残されています。

そこではある人物が大福帳《だいふくちよう》の絵馬を神社に掲げようとすると、それを引きずり下ろそうとする悪人が出てきます。悪人がまさに絵馬を引きずり下ろそうとした瞬間、ヒーローが「しばらく」と止めに入ります。

大福帳とはどこの商家にもある出納帳で、そんなものを神社の絵馬に掲げるのはみっともないという悪人に対して、ヒーローは大福帳の弁護をします。武家に弓矢があるように民家には必ず大福帳があって、これほど貴い絵馬はないのだ、というふうなことを非常に難しい文句を使ってとうとうと述べ、完全な屁理屈《へりくつ》で悪人をやり込めるのです。

天下を狙う大悪党の役は花道から登場する主人公のセリフを受けるので、文字通り「ウケ」と呼ばれ、決まって権威ある公家《くげ》風の衣裳《いしよう》を身に着けています。これを初演したのは山中平九郎《やまなかへいくろう》(7)という見るからに怖い顔をした役者で、演技や人気に関する評判を記した「役者評判記」(8)には、「そのすさまじさ人間とは見へず」(9)とまで書かれています。しかもお公家さんの格好ですから、ふだん見慣れない江戸の庶民の目には異次元のデモーニッシュな存在と映ったはずで、さしずめ『スター・ウォーズ』のダース・ベイダーといったところでしょうか。そうしたわけのわからない異次元の権威や権力に対して、荒唐無稽な屁理屈で立ち向かう民衆側のヒーローとして登場したのが「暫」だったわけです。

「暫」が登場する芝居で筋書きが残っている最古の作品が『参会名護屋』で、それ以外でも初期の「暫」にはやたらと大福帳が登場したようです。現在の舞台でも、ウケの横には必ず大福帳が飾ってあることにお気づきでしょうか（口絵「暫」参照）。今ではなぜ大福帳があるのか全くわからなくなっていますが、そこに初期の「暫」の残像を見ることができるのです。

ところで、芝居の背景には必ず何らかの「物語」が必要だと江戸では考えられて、まず背景となる物語を決めて、それを「世界」[10]と呼んでいました。『太平記』の世界なのか、あるいは頼光《らいこう》四天王の世界なのか、『義経記《ぎけいき》』の世界なのかによって登場人物もおのずと変わってきます。

「暫」というと、今では「鎌倉権五郎景政《かまくらごんごろうかげまさ》」の役名が一応決まりのようになっていますが、江戸時代は「世界」によって「暫」の名前も変わりました。たとえば『義経記』の世界なら、「暫」は武蔵坊弁慶《むさしぼうべんけい》でもいいわけで、「暫」は役名でなく役柄名、つまりキャラクター名だとするのはもうおわかりでしょう。

鎌倉権五郎という役名自体は早くからあって、初代團十郎がすでにその名前で演じています。ただし、『暫』が現在のような一幕物の芝居として、その台本がほぼ決定的になったのは十九世紀も末、明治の九代目團十郎の時代でした。九代目は生涯で三度ほど「暫」を演じているのですが、最後に上演したときの台本が、現行の舞台のもとになっています。

復活の象徴としての「暫」

初代が創案した「暫」を受け継いで、今日のような扮装《ふんそう》の原型を作りあげたのは、二代目の團十郎だといわれています。

初代は劇場でほかの役者に殺されるという横死を遂げ、二代目は十代で父を失いました。直後には劇場側から冷遇され、それに発奮してしだいに人気俳優となって、ついに「親勝り」との評判で劇界に君臨し、七十一歳で大往生しました。團十郎の名跡《みょうせき》を江戸で決定的なものにしたのは二代目の團十郎だといってもよいのです。

二代目が作りあげたといわれる「暫」の基本スタイルは、前髪の生え際に剃《そ》りを入れた「角前髪《すみまえがみ》」の鬘《かつら》で、これは当時の慣習からすると元服直前、つまり成人になる一歩手前の青年を表わしていました。衣裳のメインは柿色の素袍ですが、素袍は麻布製で、現在着用される巨大な袖を付けた素袍には五~八反、普通なら五~八人分の着物ができるくらいの麻布が使われています。出てくるときは、袖の部分に籐《とう》を入れて凧《たこ》のように突っ張った形にします。今ほど巨大なものではなかったようですが、素袍を着ることと、大太刀を差していること、「角前髪」の鬘で「筋隈」と呼ばれる隈取をするのは二代目以来だとされます。

ただし二代目も、最初からずっとそのような格好をしていたわけではありません。「役者評判記」[11]の挿絵などを見れば、むしろ二十代のころには「剃り立て」に「釣髭《つりひげ》」、つまり月額《さかやき》を大きく剃った頭で、ぴんとはねた口髭をつけた大人の姿で演じてもいます。

團十郎というと大柄で面長なイメージがありますが、二代目は「小兵《こひょう》」すなわち小柄できれいな顔をしていたと「評判記」[12]に書いてありますし、もとは若々しさが売り物の俳優のようでした。ところが、この人は四十代で一つのつまずきを迎えます。観客に飽きられたのか、はたまた本人がスランプに陥ったのか、以前ほどの大当たりがなくなり、「評判記」の評もしだいに悪くなっていきます。おまけに四十八歳のときには大病を患って五か月ぐらいの療養生活を余儀なくされます。そして病気が全快したあとに市川海《え》老蔵《びぞう》という名前を名乗るのです。

海老蔵は初代の「稚名《おさなな》」で、九蔵《くぞう》という名前から團十郎になっていた二代目が、逆に遡って父親の幼名に改名した。そして直後に五十歳を目前にして、角前髪の姿で「暫」を演じたところが大きなポイントです。彼は自身の復活の証《あかし》として、若さを表現したくなり、観客もそれをよく感じ取ったのではないでしょうか。

復活した最初の舞台で、海老蔵こと二代目團十郎は「人参《にんじん》をたくさん食べて病を克服した」という口上《こうじょう》を述べたようです。当時の「評判記」[13]には「しばらくしばらくのかけ声の出端《では》、江戸中ひびく計《ばかり》の大当り」とあって、江戸の民衆がその復活をいかに熱狂的に迎えたかがわかります。そして、たぶんその熱狂こそが、角前髪の「暫」を決定的なものにしたのだろうと、私はひそかに思っていました。若衆という姿に民俗的な意味合いを認める考え方もありますが、小説書きの私は資料を読みながら、どうしても二代

◆二代目市川團十郎◆

若いころの二代目團十郎が演じる『暫』の鎌倉権五郎景政（鳥居清峯筆）

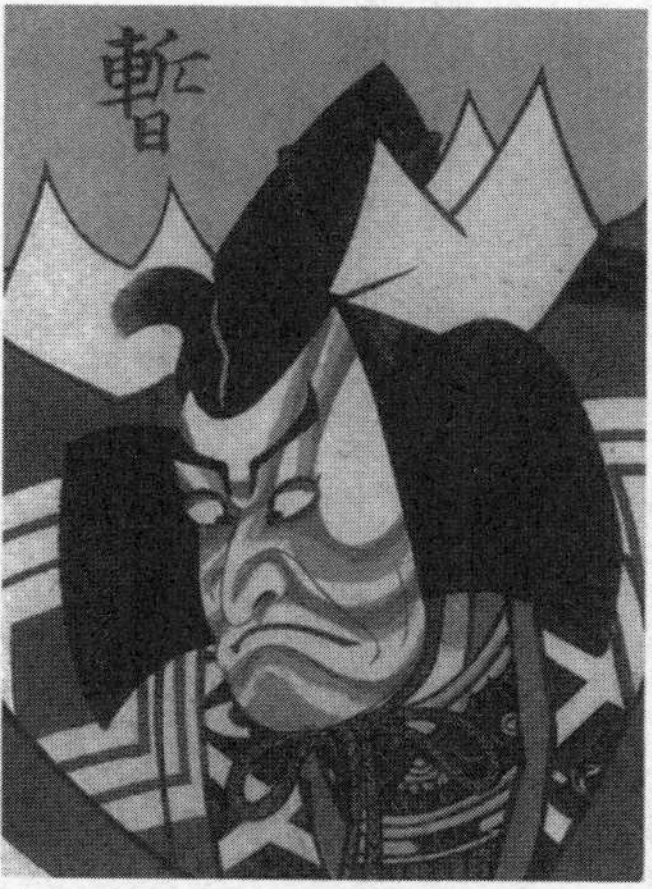

病から復活したあとの二代目團十郎の『暫』。角前髪と筋隈が見られる（三代目歌川豊国筆）

目個人の人生というものを考えてしまうのです。五か月の闘病の果てに辿《たど》りついた復活の歓《よろこ》びが自身にも、周囲にも、そして大勢の観客にとっていかばかりのものだったか。今でもそれを考えるとなんだか胸が熱くなります。

キャラの発展とバリエーション

病気を克服し、再生を図って海老蔵を名乗った二代目團十郎は、それから七十一歳まで長生きし、江戸の大名優として君臨しました。そしてこの人の影響下にたくさんの役者が生まれていくのですが、その弟子の一人で娘婿にあたる四代目團十郎も「暫」を受け継ぎました。

四代目團十郎で面白いのは、この人がどちらかというと悪役に向いている役者だったので、自分はウケのほうを演じて、「しばらくしばらく」とほかの役者の声が舞台に聞こえると、「俺がここにいるのに、なんで『しばらく』というやつがほかにいるんだ」と楽屋落ちのギャグを飛ばしていたとのこと。そんな「暫」も上演されるほど、すでに超ポピュラーなワンパターン演目だったのです。

「暫」のヘアスタイルが今日のように定着するのは、おそらく五代目團十郎のころかと思われます。なぜなら今見られる「暫」の「車鬢」は、芝居小屋にまつわる諸事を図解した十九世紀初頭の出版物『戯場訓蒙図彙《しばいきんもうずい》』(14)に載っているからです。つまりそれ以前の、

◆車鬢◆

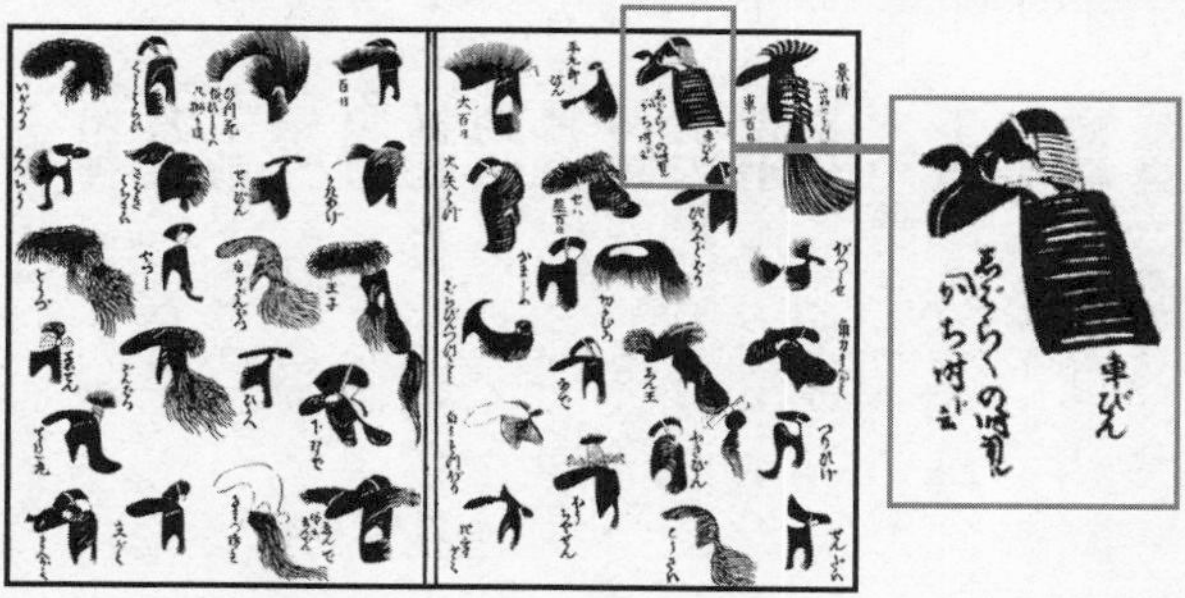

「車びん　しばらくの時用ルかち時ト云」と説明されている（『戯場訓蒙図彙』より）

だいたい五代目くらいで定着していたことが窺《うかが》えるのです。

さらに七代目團十郎時代の錦絵《にしきえ》を見れば、「暫」の格好は現行とそっくりです。七代目はまた、過去の團十郎代々の芝居を古典として位置づける意味で、「暫」を含んだいわゆる「歌舞伎十八番」を市川家のお家芸として選定しました。「暫」はその扮装がさまざまに誇張されて、現在のような形になるいっぽうで、芝居の内容にもいろいろなバリエーションが生まれています。先に述べた、四代目がウケを演じた舞台もその一つでしょう。

七代目團十郎は、團十郎という自分自身の役で舞台に登場し、劇中劇として「暫」を演じるという見せ方までしています。四世鶴屋南北《つるやなんぼく》作の『四《し》天王産湯玉川《てんのううぶゆのたまがわ》』[15]という芝居でのことです。[16]勢いのある女形が登場した時代には、女形が「女暫」を

◆歌舞伎十八番◆

一、	不破	ふわ
二、	鳴神	なるかみ
三、	暫	しばらく
四、	不動	ふどう
五、	嫐	うわなり
六、	象引	ぞうひき
七、	勧進帳	かんじんちょう
八、	助六	すけろく
九、	押戻	おしもどし
十、	外郎売	ういろううり
十一、	矢の根	やのね
十二、	関羽	かんう
十三、	景清	かげきよ
十四、	七つ面	ななつめん
十五、	毛抜	けぬき
十六、	解脱	げだつ
十七、	蛇柳	じゃやなぎ
十八、	鎌髭	かまひげ

天保年間（一八三〇―一八四四）に七代目市川團十郎が、代々の家の芸から代表作十八本を定めたもの。歴代團十郎の当たり芸、ヒット作を並べており、市川家のお家芸である荒事がほとんどを占めている。自身の家の芸を歌舞伎の代表作のように名づけたところに七代目團十郎の自負が窺えるとともに、歌舞伎が古典化を意識せざるを得ない時期にさしかかっていたことを感じさせる。

演じるというバリエーションもできました。中には「しばらく」のセリフをいわない舞台もあったようですが、これはやはり不人気だったのか、あとに残りませんでした。いずれも、善人が危機一髪のところに、ヒーロー（あるいはヒロイン）が花道の揚《あげ》幕《まく》の内で「しばらく」と叫んで出てくるのが「暫」の身上です。

オールスター公演の定番に

「暫」の演出がある程度固まると、こんどはそれが興行の中で定着していきます。

十九世紀初頭に出版された『絵本《えほん》戯場年中鑑《しばいねんじゅうかがみ》』[17]の中には、「顔見世《かおみせ》狂言」の一番目（最初の演目）の

「三立目《みたてめ》」に、ぜひ「暫」を出す、と書いてあります。三立目の前には「序開き《じょびらき》」と「二つ目」と呼ばれる軽いコントがあって、「三立目」はいよいよメインストーリーが始まる序幕の部分でした。つまり十八世紀末には「暫」が興行の中で完全に定着していて、絶対にではないにせよ、顔見世には「暫」を出したいという合意が劇場側と観客側で成立していたわけです。

江戸時代、役者と劇場との出演契約は一年ごとに結ばれていました。その年度替わりの最初の興行で、オールスター出演となるのが「顔見世」です。いわばスターの紹介イベントのようなものですから、ストーリーは荒唐無稽、支離滅裂でも、とにかく役者が魅力的に見えればいいという感じの芝居を上演するようにしました。

初代團十郎の時代には、「暫」は新しい芝居であり、いろいろな時期に上演されていましたが、二代目のあたりから、それが顔見世で演じられるようになっていきます。芝居としての新味は薄れ、ワンパターン化していくのですが、顔見世は役者を見せるためのお祭りですからワンパターンでもかまわないのです。むしろ「また出てくるぞ」という観客の期待を前提としてヒーローが登場するほうがいい。現在の『暫』でも、「また出てきやがった」というようなギャグがセリフに挟み込まれているのは、観客が毎年同じ芝居を見続けていることを前提とした時代の名残でしょう。

二代目が演じたもので、弓矢がパッと舞台に飛んできて、その先についた矢文を開け

◆荒事芸を継承する市川團十郎家◆

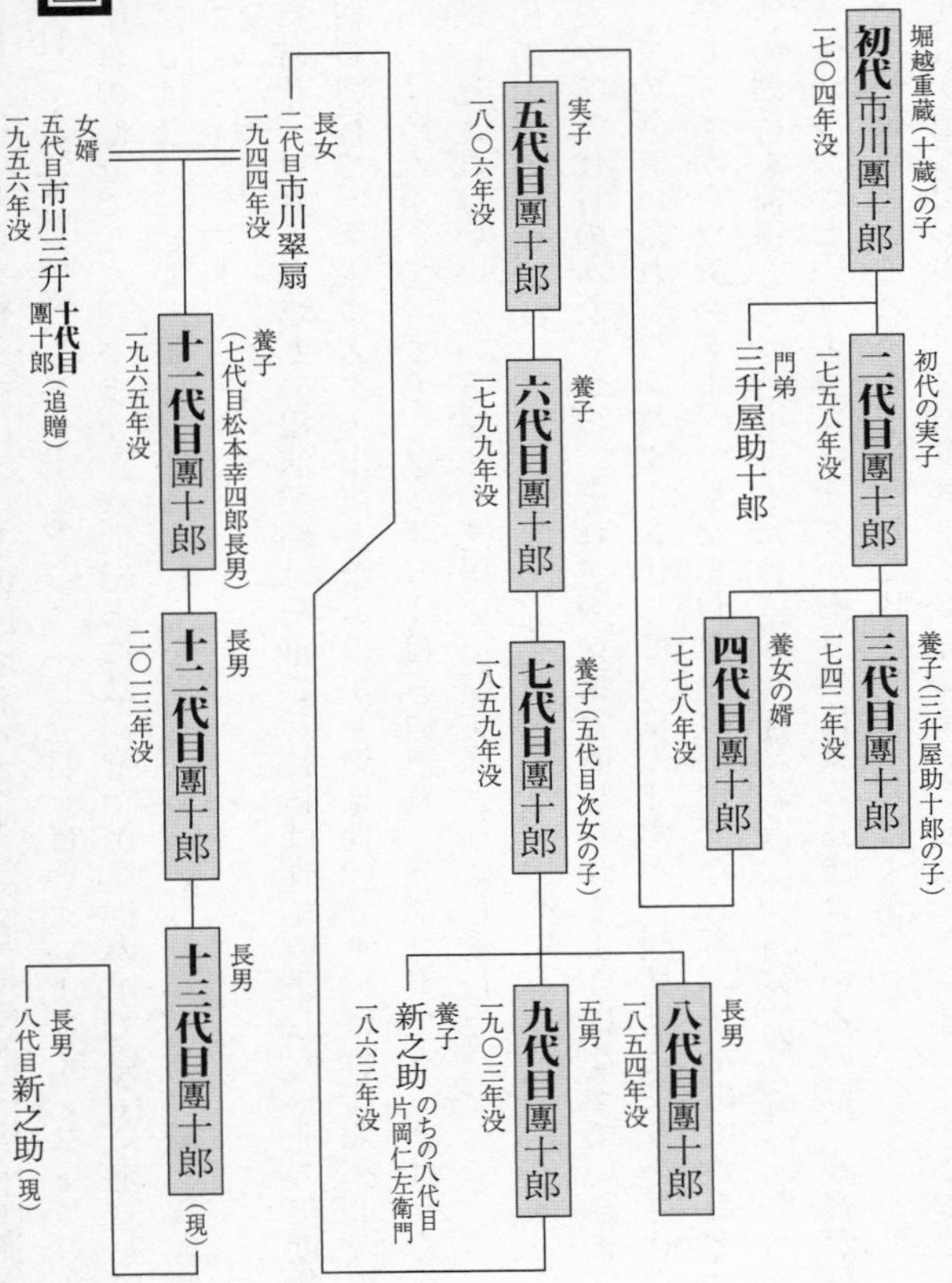
堀越重蔵（十蔵）の子
初代市川團十郎
一七〇四年没
初代の実子
二代目團十郎
一七五八年没
門弟
三升屋助十郎
養子（三升屋助十郎の子）
三代目團十郎
一七四二年没
養女の婿
四代目團十郎
一七七八年没
実子
五代目團十郎
一八〇六年没
養子
六代目團十郎
一七九九年没
養子（五代目次女の子）
七代目團十郎
一八五九年没
長男
八代目團十郎
一八五四年没
五男
九代目團十郎
一九〇三年没
養子
新之助
のちの八代目片岡仁左衛門
一八六三年没
長女
二代目市川翠扇
一九四四年没
女婿
五代目市川三升
十代目團十郎（追贈）
一九五六年没
養子（七代目松本幸四郎長男）
十一代目團十郎
一九六五年没
長男
十二代目團十郎
二〇一三年没
長男
十三代目團十郎（現）
長男
八代目新之助（現）

團十郎代々

初代團十郎（一六六〇―一七〇四）
市川宗家（姓は堀越、屋号「成田屋」）の祖。甲州武士の末裔で、大太刀・斧を駆使し、これにより勇壮な「荒事」を創始した。三升屋兵庫の名で劇作も行ない、『暫』の原型が含まれる『参会名護屋』などを自作自演した。自恃の強い激しい性格で、生島半六という役者の恨みを買って芝居小屋内で刺殺された。

二代目團十郎（一六八八―一七五八）
初代の長男。初代横死後十七歳で襲名し、享保期（一七一六―三六）を代表する名優となった。曾我五郎を主人公にした『矢の根』や上方の和事を取り込んだ『助六』、雄弁術を駆使した『外郎売』などを初演。栢莚（はくえん）の俳名で著した日記『老のたのしみ』は、江戸時代の役者の生活ぶりをよく伝える。

四代目團十郎（一七一一―七八）
初代松本幸四郎の養子。二代目團十郎の養女の婿。二代目の落胤説も噂された。團十郎を襲名する以前は実悪の役柄を得意としたが、襲名後は実事（写実的な演技を必要とする芝居）へと芸風を広げた。六十六歳で引退ののちも、深川木場の自宅に若手を集めて演技の研究会を主宰するなど、後進の面倒をよく見たところから、「木場の親玉」の名で親しまれた。

五代目團十郎（一七四一―一八〇六）
四代目の子で、父と同じく三代目幸四郎を経て團十郎を襲名。荒事から女形まで幅広い役柄をこなし、都市文化が成熟のときを迎えた天明・寛政期（一七八一―一八〇一）の江戸で文化人からもてはやされて交流もあった。自身、芭蕉を慕う俳人でもあり、大田蜀山人に師事して狂歌をよくする文人でもあった。

七代目團十郎（一七九一―一八五九）
五代目の孫で六代目の養子。六代目の早世により、わずか十歳で襲名。荒事・和事・実事を自在に演じ分け、江戸後期―幕末期（十九世紀前半）に一世を風靡したが、派手な私生活が天保改革の奢侈禁令に触れるとされて、七年余りも江戸追放となる辛酸をなめた。

八代目團十郎（一八二三―五四）
七代目の長男で、十歳で八代目を襲名。面長で大変な美貌の持ち主で、その人気が浅草猿若町に移転した芝居町に、再び賑わいをもたらした。『与話情浮名横櫛』で切られ与三郎役が当たり役に。嘉永七年（一八五四）、大坂に父を訪ね、自身も大坂の舞台に立つ直前に謎の自殺を遂げる。

九代目團十郎（一八三八―一九〇三）
七代目の五男。明治七年（一八七四）に九代目を襲名。立役・女形・敵役、時代物・世話物・所作事（舞踊）のすべてに秀でたといわれ、明治の劇界に君臨した。演劇改良運動にも積極的に取り組んで活歴物（史実に基づき、時代考証に重きをおいた時代物）を手がけ、また新歌舞伎十八番を定めるなど、近代歌舞伎の礎を築いた。

ると「暫」の文字が現われ、ついで「しばらく」といって主人公が登場する、というような舞台もありました。素袍の誇張も含め、ワンパターンだからこそ、登場シーンで観客を驚かせる演出のバリエーションがさまざまに工夫されていったのです。

都市フェスタの中で

江戸時代、顔見世は必ず十一月に行なわれていました。陰暦の十一月は中国の周の時代の正月に当たるので、その月にしたともいわれていますが、要は冬至の時分で、一年でいちばん夜が長い時期に顔見世をやっていたわけです。

クリスマスが実はローマ時代の「冬至祭」だったといわれるように、世界中のいたるところで冬至は人間にとって大きな意味を持っていました。なぜなら、一年でいちばん暗い夜の長い冬至は、これからだんだん明るくなるという転換点でもあってそこでお祭りをするわけです。歌舞伎の顔見世は江戸という都市の冬至祭だったといってもいいでしょうし、「暫」はその冬至フェスタに欠かせないトリックスターなのでした。

冬の暗い季節の、電気照明もなくて今よりずっとずっと暗かったであろう劇場を思い浮かべてみてください。そこへ「暫」が出てきて、デモーニッシュな悪人をやっつけてくれる。それが毎年、毎年、繰り返されていたのです。そこに、庶民の心をわき立たせる何かがあったのです。日本人のワンパターン好きといってしまえばそれまでですが、

『水戸黄門』にしろ『ウルトラマン』にしろ、危機一髪のところでお約束として勧善懲悪のヒーローが現われること。自分たちには到底太刀打ちができないであろう、ものすごい権威や権力を庶民は漠然とイメージしていて、それをわけもなく徹底的にやっつけてくれるヒーローの存在を期待した。それこそが「暫」の人気の理由でしょう。

「暫」の基本は、何よりも「若さ」です。二代目團十郎が四十八歳にして角前髪の若者を演じて喝采を浴びたように、それなりに年のいった役者が若い扮装をして演じるところに意味があるのです。劇中においても、「わっぱめ（子どものこと）、そこをどけ」と子ども扱いされる存在。屁理屈を並べて悪人をやっつけるやり方も、非常に子どもじみています。全体が子どもっぽさで貫かれているところが、この芝居の大きな魅力です。

暗い季節を彩る都市フェスタの中に、若さあふれるヒーローが登場する瞬間の歓喜と興奮。この芝居を見れば江戸の人びとの喝采が今に聞こえてくるような気がします。

第二章
光源氏の末裔——『廓文章』

スター遊女追善の舞台が原点

團十郎による『暫』が江戸の地層の最も古い部分にまで遡れるのに対して、現在もよく上演されている上方《かみがた》の歌舞伎で、最古層につながるのが、『廓文章《くるわぶんしょう》』という作品です。

まず、十七世紀の大坂（大阪）に実在した、夕霧(1)という遊女の話から始めましょう。この人が京の島原から大坂の新町遊郭に移籍したとき、舟で下ってくる川筋には大勢の見物人がどっと押しかけたといいます。当時の遊女は単なる性欲の対象に留《とど》まらず、アイドルでもあり、スター的な存在だったと考えられるのです。

夕霧に関して井原西鶴《さいかく》(2)は、「神代このかた、又類《たぐ》ひなき御傾城《けいせい》の鏡《かがみ》」と『好色一代男』の中で書いています。傾城とは遊女のこと。「かつて比べるものがないほど」素晴らしい遊女だというのです。この大スターが二十五歳の若さで死んだから、世間は騒然となりました。死んだ人を舞台に甦《よみがえ》らせて追善することはお国《くに》歌舞伎（第八章参照）の昔から行なわれていたようでもあり、夕霧も歌舞伎の舞台に復活することになります。

その舞台で主役を演じたのが、初代坂田藤十郎《とうじゅうろう》(3)という役者でした。藤十郎は夕霧その人を演じたのではなくて、夕霧の恋人で、プレイボーイの藤屋伊左衛門《ふじやいざえもん》という人物の役で登場します。この夕霧と藤屋伊左衛門の組み合わせの「夕霧狂言」は大ヒットして、藤十郎は生涯十八回にわたって演じるようになります。夕霧というすでにこの世から姿を消したスターと舞台で共演する形を取りながら、自身も大スターにのしあがったのが坂田藤十郎という役者でした。藤十郎はまた、すでに人形浄瑠璃の作者として活躍していた近松門左衛門《ちかまつもんざえもん》(4)とコンビを組んで数々のヒット作を生み出し、元禄歌舞伎隆盛の一大エポックを築きました。

藤十郎による夕霧狂言の面影を伝えているのが『廓文章』という作品です。『廓文章』のストーリーはというと――勘当され、落ちぶれて紙衣《かみこ》姿になった藤屋伊左衛門がかつての自分の恋人である夕霧のもとを訪れます（口絵「廓文章」参照）。夕霧は彼と別れて病気になっているという状態で、揚屋《あげや》である吉田屋の亭主は落ちぶれた伊左衛門を親切に迎えて部屋に通してくれます。ほかの客があってなかなか現われない夕霧に、伊左衛門はやきもちを焼いてイライラし、ようやく夕霧が登場すると、彼は子どものようにすねて彼女に当たり散らします。その痴話喧嘩《ちわげんか》がやがて治まるまでが、舞踊劇風に綴《つづ》られています。

ちなみに「紙衣」というのは紙で作った衣で、貧しい人が防寒のために着たとされ、伊左衛門が落ちぶれた様子を表わす衣裳です。

大金持ちの息子だったのに、女に入れ揚げたあげくおカネを全部使い切って落ちぶれ、女のところに来てすねたあげくにぐじゃぐじゃ文句をいう、情けない主人公。それがこの芝居のヒーローなのです。私はこの手の主人公を「困り者ヒーロー」と呼んでいるのですが、まずこういう主人公がなぜ現われたのかということについて少し考えてみたいと思います。

バブル後の放蕩息子たち

伊左衛門の役にモデルがいたかといえば、だれとは特定できないのですが、こういう人が実際にいたのだろうと思われます。それがわかるのは、西鶴の絶筆となった『西鶴置土産』(5)に、遊女におカネをつぎ込んで落ちぶれた人びとのエピソードがたくさん収められているからです。

西鶴というと、男性が主人公の話で有名なのが『好色一代男』(6)。世之介《よのすけ》というプレイボーイを主人公にした一代記です。ありとあらゆる女と関係をして、それを延々と続けて、最後は女だらけの「女護《にょご》の嶋《しま》」に渡るというハッピーエンドのストーリーで一世を風靡《ふうび》した作家が、最晩年には女遊びをした人たちが全部落ちぶれた話を書いたのでした。

それには時代の変化も関係するでしょう。元禄の少し前から元禄前期にかけては経済的にいわばバブリーな時代。元禄年間は時代が下るにつれてバブルがどんどんはじけていき、『置土産』には、「最近(西鶴の晩年)の人は昔のお大尽《だいじん》と違って、遊び方がこまかくなってしまっている」というようなことまで書かれています。

西鶴が『日本永代蔵《にっぽんえいたいぐら》』(7)で書いたように、かつての大金持ちは創業者だったが、時代が下ると、ただ父祖の遺産を喰《く》いつぶして放蕩《ほうとう》するしか能がないという二世、三世の困った人たちがどっと出てくる。『置土産』が書かれたころはそういう時代だったということです。落ちぶれて逼塞《ひっそく》した人の例が実際にごろごろあって、困り者ヒーローの芝居は、当時相当リアルな話として観客に共感を持たれたのだろうと思います。

ところで藤十郎という役者の芸風を語るときに、非常に面白いエピソードがあります。田舎から出てきたある人が、人に勧められて藤十郎の芝居を見たところ、「私が見た日は、藤十郎が舞台でずっと打ち合わせをしていて芝居はしなかった。まずい日に行ってしまった」というような感想を漏らしました(8)。しかしそれこそが彼の芝居の真髄だったのです。

「居狂言《いきょうげん》」(9)と呼ばれ、舞台で静かにぼそぼそとしゃべっている芝居が彼の持ち味で、つまり藤十郎はアクション型の役者ではなく、セリフをじっくり聞かせて日常的なリアリティのある演技を得意としていたようです。そのため、ひょっとすると彼の芸風を理解できるのは、一部の観客に限られていたかもしれません。ただし「評判記」等の出版物には非常によく書かれているので、元禄の京都のいわばハイブロウな層に受けたのでしょう。

藤十郎没後三年の正徳二年（一七一二）に、近松門左衛門は、人形浄瑠璃のために藤屋伊左衛門を主人公にした『夕霧《ゆうぎり》阿《あ》波鳴渡《わのなると》』を書き下ろします。藤十郎の晩年には、すでに歌舞伎を離れ、もっぱら人形浄瑠璃界で活躍していた近松でしたが、『阿波鳴渡』ではかつての盟友の、生涯の当たり役を主人公に据えました。

そのストーリーは――勘当され落ちぶれた伊左衛門が夕霧を訪ねていくと、夕霧には先客がいて、嫉妬から口喧嘩になってしまう。その先客というのが実は阿波の武士平岡左近の妻お雪が男に化けたもので、夕霧は伊左衛門との間にできた男の子を、左近の子と偽って引き取らせていたのでした。事情を知ったお雪は、夕霧を身請けし乳母として雇います。ひそかに夕霧に同行した伊左衛門は息子との対面を果たしますが、これを知った左近が激怒して子どもを絶縁。独り廓に戻った夕霧はまもなく病に倒れ、危篤に陥り、伊左衛門父子と今生《こんじょう》の別れを惜しんでいるそのとき、伊左衛門の母が現われて勘当を許し、夕霧を嫁にすると告げ、その喜びで容態も快方に向かうというお話です。

人形浄瑠璃として書かれたこの『阿波鳴渡』の冒頭の部分だけを独立させる形で、歌舞伎の『廓文章』は生まれました。つまり、歌舞伎で大当たりした夕霧狂言が、一度人形浄瑠璃に書き換えられ、再び歌舞伎に取り込まれたのです。

リアルなセリフ劇から舞踊化へ

ストーリーや展開は同じでも、現行の『廓文章』は、藤十郎の芸風とは決別したところで成り立っています。藤十郎が演じたのは、久々に会った恋人との痴話喧嘩で、そうした男女のいい争いを「口舌《くぜつ》」と呼ぶのですが、口舌をリアルに聞かせたのが藤十郎の舞台なら、今の上演の形態はそれを舞踊劇風に仕立てているのです。次にその舞踊化がどんなふうに起こったのかを見ておきましょう。

まずこの芝居に流行歌が取り入れられた時期がありました。一七四〇年代に大流行した『ゆかりの月』という歌。

可愛《かわい》男に逢坂《おうさか》の関より辛《つら》い世の習い。思わぬ
人にせき止められて、
今は野沢《のざわ》の一つ水。すまぬ心の中にもしばし、
澄むは由縁《ゆかり》の月の影

◆下座◆

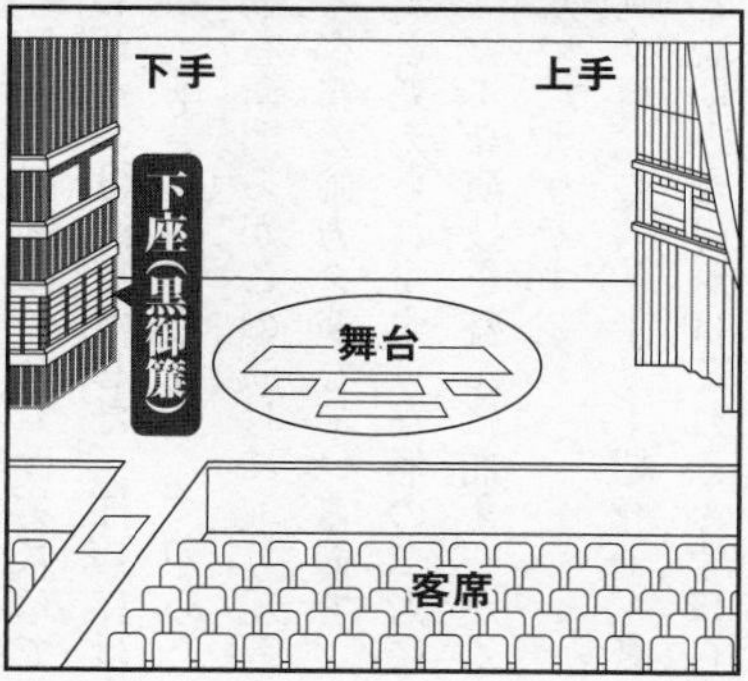

現在の舞台でも、この歌は伊左衛門が夕霧を待つ場面のバックに、下座《げざ》[10]の長唄[11]で用いられます。この流行歌が、今でいうならポップス風やロック調になるような感じで、豊後節《ぶんごぶし》[12]など当時のいろいろな曲調にアレンジされて、それらの曲を使った

舞踊劇が誕生したのです。

歌舞伎の舞踊については第八章で改めてきちんと触れますが、当時舞踊化が盛んに行なわれたのは江戸でした。江戸には九代目市村羽左衛門《うざえもん》(13)という舞踊の名手がいて、彼によってまず舞踊化され、そのあと初代中村富十郎《とみじゅうろう》(14)、三代目瀬川菊之丞《せがわきくのじょう》(15)、三代目中村歌右衛門《うたえもん》(16)らがこの演目に取り組みます。面白いことに女形の菊之丞や富十郎は伊左衛門と夕霧の両方を演じているので、共演もし、そうした中で演出がしだいに固まっていったと考えられます。女形の二人によって舞踊化が進んだいっぽう、三代目歌右衛門はコミカルな演技を盛んに加え、かくして舞踊劇としてさまざまなバリエーションが今日に残ったようです(17)。

『廓文章』のストーリー紹介で、紙衣の話をしましたが、現在の舞台を見ると、あらかじめ説明がなければそれがみすぼらしい格好だとは全然わかりません。藤十郎の時代には、日常的な会話（打ち合わせ）と間違えるほどのリアルなセリフ劇として演じられていたわけですから、衣裳も当然ながら本当に紙でできたものを着ていたはずです。

ところが十八世紀の半ば以降に舞踊化される段階で、その衣裳も変わってしまいます。九代目市村羽左衛門の扮装がすでに、「評判記」(18)では「歌などのちらし書　紫鹿子《むらさきがのこ》の紙子仕立の小袖」とあって、本物の紙衣ではなく、今日のような「紙子仕立て」の衣裳が使われています。藤十郎が最初に演じた十七世紀末から、百年たつ間に衣裳も豪華に変わって、元禄時代とは全く違う華やかな舞踊劇として上演されるようになったのです。

やつす=おしゃれという感性

さて、私が名づけた「困り者ヒーロー」は、その後も延々と舞台の上に登場し続けることになります。じゃらじゃらとした、いいところのぼんぼんが、落ちぶれたあげくかつての遊女と会って痴話喧嘩をするというような芝居。日本の歌舞伎の中で、こうした作品が好まれてきたことは、どうしても見逃せない大切なポイントです。それをもう一度初代坂田藤十郎に遡って考えてみたいと思います。藤十郎は「やつし事《ごと》の開山」と呼ばれた役者で、その「やつし事」とは一体なんなのだろうかという問題です。

「やつす」という言葉は、関西ではつい最近まで日常的に使われていました。「いい格好をする」「おしゃれする」ことを関西弁では「やつす」といい、「やつす」イコール「おしゃれ」という認識がありました。「やつす」という言葉は本来「やつる」、今いう「やつれる」の他動詞形で、みすぼらしい格好になるというような意味で使われていました。それがおしゃれとイコールになっていった背景にはむろん歌舞伎の「やつし事」が深く関わり、それこそがまた日本の独特の美意識であるともいえます。

「身をやつす」という発想は世界的に見て、それほど珍しいものではありません。たとえばギリシャ神話などを読むと、神が人、極端な場合は動物に姿を変えるような話がいくらも出てきますし、王子がみすぼらしい乞食に姿を変える『王子と乞食』のような物語も、世界に普遍的にあるようです。文化人類学的にいうなら、共同体の外から訪れる「異人」とも捉えられるし、視点を変えれば、王なる者が一度落ちぶれ、試練を経てまたもとの姿に返るという、「王者の通過儀礼」と見ることもできるでしょう。

日本の数々の物語の中で、このようなシチュエーションを「貴種流離譚《きしゆりゆうりたん》」と名づけたのは民俗学者の折口信夫《おりくちしのぶ》(19)でした。貴種流離＝貴い身分の者があてもなくさすらう。歌舞伎の「やつし事」もまた、完全に貴種流離譚の一種なのです。

近世の光源氏、坂田藤十郎

登場人物が何らかの理由で、その人本来の姿よりみすぼらしくなる設定の「やつし事」は、元禄の歌舞伎では定番の一つでした。その典型的な作品が初代坂田藤十郎の主演した『けいせい仏の原《ほとけのはら》』(20)です。近松門左衛門が藤十郎のために書き下ろして大ヒットした芝居ですが、絵入狂言本しか残っていなかったものを、故木下順二(21)先生とご一緒に私が台本を書いて、昭和六十二年（一九八七）に四代目坂田藤十郎が主宰する近松座の公演として復活上演されています。

物語はというと――ある大名家の跡取りである主人公・梅永文蔵《うめながぶんぞう》が傾城（遊女）に溺れ、その弱みのために悪人たちの罠《わな》にはまって勘当の身となります。紙衣一枚で放浪し

◆和事の祖・坂田藤十郎と近松門左衛門◆

元禄時代を代表する人形浄瑠璃作者である近松門左衛門は、一時歌舞伎作者としても活躍したが、そのほとんどは初代坂田藤十郎のために書かれた。中でも『けいせい仏の原』は大ヒット、紙衣と古編笠を和事の象徴にまで高めた。

◆けいせい仏の原◆

近松門左衛門著『けいせい仏の原』（元禄十二年正月、京都都万太夫座上演）の絵入狂言本。『往古梨園集』所収。

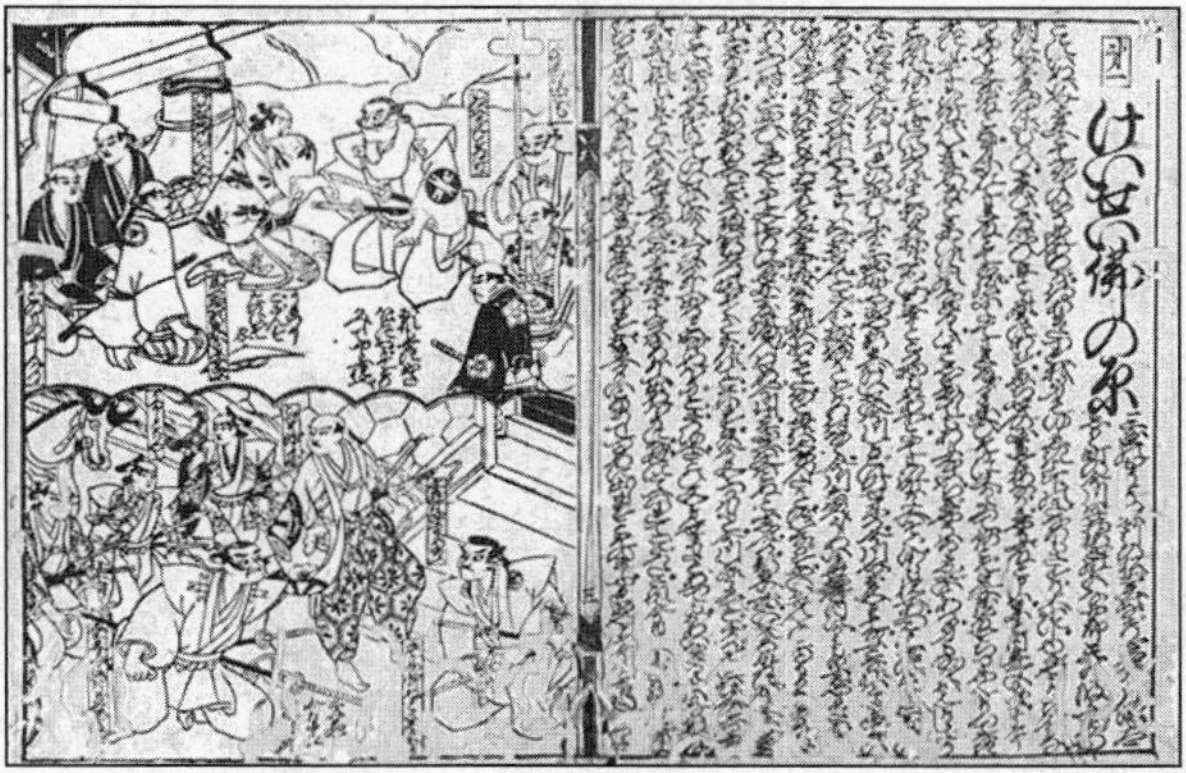

◆坂田藤十郎系譜◆

初代坂田藤十郎　一七〇九年没

初代のそっくりさん

二代目藤十郎　一七二四年没

初代の甥の弟子

三代目藤十郎　一七七四年没

二代目中村鴈治郎　一九八三年没

二代目鴈治郎長男
三代目中村鴈治郎改め

四代目坂田藤十郎　二〇二〇年没

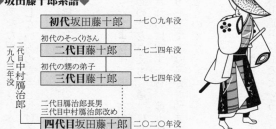

悲惨な目に遭う中で、昔なじみの傾城に再会。女のほうは身請けされて今では大名の側室になっており、落ちぶれ果てた男の姿に驚きながらも、「あなたがそのようなみすぼらしい姿になっても、女というものは決して見捨てることはしないものだ」と告げるところが、この芝居の重要なポイントでしょう。

元禄十七年（一七〇四）に出版された役者評判記『役者舞扇子《やくしやまいおうぎ》』の中に次のような一節があります。

「藤十郎とげんじ来り、ぬれ一道を衆生にしめす」

「げんじ」は恐らく光源氏のこと。「ぬれ」は「濡れ場」というように、男と女の関係を指します。「柔の道」などと同様に、「ぬれ一道」と、色恋のことさえも「道」にしてしまうところがいかにも日本人です。この一節を現代語できれいに訳すなら、藤十郎と光源氏が恋愛の本質を一般庶民にわからせてくれた、という感じでしょうか。つまり坂田藤十郎は、光源氏の近世版だと見られていたように私は思うのです。

やつれても美しい人

『絵入源氏物語』や『湖月抄《こげつしょう》』(22)などの注釈書が次々と出版されたこともあって、江戸時代、『源氏物語』は庶民の間にかなり浸透しました。嫁入り道具にしたというような話もあり、遊女の名前を「源氏名」と呼ぶのもまさに『源氏物語』からきています。現代の江戸ブームにも似て、江戸の人びとは平安時代が大好きでした。それも平和な時代という共通点があるからこそで、江戸時代の人にとって、大宮人《おおみやびと》の恋愛は一種の憧れだったのでしょう。

『源氏物語』でよく知られているのは、夕顔のエピソードです。源氏は、「いとことさらめきて、御装束をもやつれたる狩の御衣《おんぞ》をたてまつ」り、「さまを変へ」て夕顔のもとを訪れます。なぜなら夕顔は貧家とはいわないまでも荒れ果てた家に住む女性であり、高貴な光源氏がそのままの格好で訪れては対等の関係が生まれないから、という源氏の心づかいがあったのです。つまり日本人の恋愛観では、対等な関係になるために「やつす」のです。

『源氏物語』の中でさらに広く知られているのは須磨《すま》・明石《あかし》の話でしょう。都を追放される前に、自ら世を避け須磨に立ち退《たの》く源氏は、「位なき人はとて、無紋の直衣《のうし》、中〳〵いと懐かしきを着給ひて、うちやつれ給へる、いとめでたし」と描写されます。つまり「うちやつれ給へる」格好をして、それが「いとめでたし」なのです。

いい男がやつれている姿がまた素敵だと感じる感性が、『源氏物語』を好む人びとの中にはありました。日本人の中で長く続いたその感性が、「やつし事」というものを成り立たせていたのだろうと思います。そして藤十郎は、「やつし」の美学を舞台の上で具現化してみせた役者だったのです。

理想の恋愛を演じ、伝説の名優に

「やつし事」のヒーローについてもう一つ重要な点は、彼らが、落ちぶれ果てても決してめげないというところでしょうか。『仏の原』の文蔵は紙衣姿で、「身共《みども》は十二単衣《ひとえ》より此《この》紙衣一重が忝《かたじけな》い。傾城ゆへに、此なりになれば本望じや。生まれた時は裸で出た。まだ一重の紙衣を徳と思ふ」と、うそぶいてみせます。『夕霧阿波鳴渡』の伊左衛門も、「紙衣の袷《あわせ》一枚で、七百貫目の借銭負うて、ぎくともせぬは恐らく藤屋の伊左衛門、日本に一人の男」といいます。これだけの大借金を背負ってびくともしないのは、日本に自分一人だ、と自慢するわけです。源氏にしろ伊左衛門にしろ、状況の変化にゆるがないという点が、高貴なモテる男の絶対条件なのかもしれません。

余談ですが、行動生態学の権威である長谷川眞理子先生[23]に孤猿（群れを離れたサル）の面白い話をうかがいました。ある群れでボスの座を追われたサルでも、別の群れに行くとそこでは雌ザルにモテるというのです。共同体の外からやって来る「マレビト（客人）」に女が引きつけられるというのは、人間に限らず生物の雌としての性戦略なのかもしれません。

江戸時代は、基本的には恋愛御法度《ごはっと》の時代でした。なぜかといえば、恋愛は身分社会の枠組みを壊しかねないからです。芝居でも、庶民の恋愛は心中というような不幸な形で扱われてしまいますし、武家の場合は必ず不義として断罪されます。身分というものを超えないと恋愛は成り立たないからこそ、恋愛が抑圧された時代に、光源氏の末裔《まつえい》として燦然《さんぜん》と輝いたのが、藤十郎のやつし事でした。

実在の坂田藤十郎は、非常に贅沢《ぜいたく》な人だったようで、大坂で芝居をしたときは飲み水を全部京都から運ばせた(24)とか、大金を払って買った鶴の肉をふだんの吸い物に使っていた(25)とか、真偽のほどはともかく、いろいろと面白い話が伝わっています。外出先である人から「何かほしいものはないか」と尋ねられ、「あの松の木がいいですね」と適当に答えたところ、わざわざその木を送ってきたので、自宅の塀を壊してそれを入れるよう指示したという豪気なエピソード(26)もあります。ご本人そのものが、まるで夢のような人物を体現する役者だったのです。

同時代にはほかにもいろいろな役者がやつし事を演じていて、一人だけが突出していたわけではないにもかかわらず、死後、藤十郎だけが伝説的な名優になっていきます。先にお話ししたようにシブい芸風で、生前はわかる人にはわかるけれども、わからない人には今一つわからない、どちらかといえば通好みの役者だったかもしれません。多分に特異な印象を持たれた役者だったからこそ、死後に彼の言説を伝える本が数々出版されて、結果、後世に元禄というベル・エポックの象徴としてイメージされるような大名優として語り継がれることになったのでしょう。

第三章

身替わり劇のメカニズム

──『菅原伝授手習鑑〈寺子屋〉』

時代劇ブームの到来

『寺子屋』は、『菅原伝授手習鑑《すがわらでんじゅてならいかがみ》』(1)という長い芝居の中の一部分です。『菅原伝授手習鑑』は、平安時代、菅原道真《みちざね》が大宰府に左遷された事件を題材にした作品であり、作品が作られた江戸時代より過去の時代を背景にしているという点で、時代劇という範疇《はんちゅう》にくくられます。

この「時代劇」という言い方は比較的新しい言葉で、過去の時代に題材をとった芝居を、歌舞伎では当初「時代事《じだいごと》」と呼んでいて、やがてそれが「時代物」というターム(用語)に変わっていきます。ここではまず、「時代事」について少しお話ししましょう。

『菅原伝授手習鑑』が作られたのは、第二章でお話しした坂田藤十郎の活躍した元禄から約半世紀後、一七四〇年代の延享《えんきょう》・寛延《かんえん》期。歌舞伎の「評判記」に「時代事」という用語が登場し始めるのはそれより少し前の享保期です。元禄バブルの崩壊で町人経済は収縮し、享保期には法令が整備され、封建社会の抑圧が一段と強まります。ちょうど現代の気分とも重なるのですが、不景気で世の中が停滞してなかなか前に進めないという閉塞感の中で、過去にロマンを求めたいという傾向が人びとの間に強くなっていた時代だったように思われます。

『太平記』を語り聞かせる「太平記読み」という芸能が中世からあって、それに類した「軍記読み」あるいは「古戦《こせん》読み」といわれる芸能も享保期に流行し、『太閤記《たいこうき》』『甲陽軍艦《こうようぐんかん》』(2)『三国志』といったいろいろな軍談が非常に好まれるようになります。人びとの気持ちが過去へと向かう中で、歌舞伎もまた、同時代を背景にした魅力的なストーリーがなかなか生み出せなくなって、軍談ブームに乗るかっこうで、過去の時代を背景にした芝居が盛んに上演されるようになったのです。このあたりは、時代小説が流行って、映画やテレビで時代劇が盛んになるのと同じ理屈でしょうか。

ところで「時代事」に対して、「世話事《せわごと》」という用語がありました。「世」間で「話」題になったことを指す「世話」という言葉から、同時代の事件や風俗を題材にした芝居を意味しています。時代事が盛んになる以前には、架空の大名家の御家《おいえ》騒動を中心に描いた芝居がメインレパートリーとしてよく上演されていました。それのおまけのような形で、心中や殺人事件のようなホットな話題が、ワイドショーの再現ドラマ風の簡単な仕立てで上演されていて、これが「世話事」とか「世話狂言」と呼ばれていたのです。

人気の人形劇を取り入れる

いっぽう『菅原伝授手習鑑』が生まれた時代、一七四〇年代は、大坂で人形浄瑠璃(3)が大ブームになっていました。「操り段々流行して、歌舞伎は無《なき》が如《ごと》し(4)」といわれるくら

◆歌舞伎の演目の分類◆

時代物　じだいもの

江戸時代よりも古い時代（鎌倉・室町など）の武家を主題にした作品。平安時代以前を描いた作品は「王代物」と呼ばれる。

世話物　せわもの

江戸時代の町人の生活に取材した作品で、当時の現代劇にあたる。中でも、写実的に庶民の生活を描いたものは「生世話（きぜわ）物」と呼ばれる。

所作事　しょさごと

舞踊のこと。義太夫節、常磐津、清元、長唄などの演奏によって踊るもの。

い、人形芝居が歌舞伎をしのぐ人気ぶりを見せていたのです。過去を扱った芝居が受けるようになって、最初はオリジナルの作品を制作していた歌舞伎ですが、ストーリーが枯渇すると、助けになったのが人形浄瑠璃。浄瑠璃の基本は過去の話を物語ることですから、もともと時代劇の性格があります。人形浄瑠璃がレパートリーの宝庫と気づいた歌舞伎関係者は、そのままやってしまったほうがいいんじゃないか、という気持ちにだんだんなっていったのでしょう。

延享三年（一七四六）の八月に人形浄瑠璃として初演された『菅原伝授手習鑑』は、翌九月にすぐ歌舞伎にされました。同時代には、人形浄瑠璃で初演された作品を即歌舞伎で上演するケースがたくさん起こっています。そして歌舞伎のほうでメジャーな演目となり、今日に受け継がれています。歌舞伎の三大名作といわれている『菅原伝授手習鑑』『義経《よしつね》千本桜《せんぼんざくら》』（第四章参照）『仮名手本忠臣蔵《かなでほんちゆうしんぐら》』（第五章参照）は、いずれも同時代に人形浄瑠璃として初演された作品なのです。

ところで時代劇として考えたとき、『菅原伝授手習鑑』は平安時代の話であるにもかかわらず、なぜ「寺子屋」が出てくるのか、気になる方がいるかもしれません。実際に寺子屋ができるのは江戸時代中期以降。時代錯誤ではないか、という問題です。

しかし時代錯誤は、たとえばレンブラント派の絵画にもあるし、シェイクスピアの戯曲にもたくさん出てきます。西洋においても、時代錯誤が意識されるようになったのは十九世紀以降。つまり物語という概念はあっても、歴史という概念が定着するのは十九世紀以降なのです。したがって、日本の十七〜十八世紀に成立した芝居がいくら時代錯誤であっても、ふしぎはありません。かつては今考えるほど時代考証に神経質ではなかったということなのです。(5)

ちなみに歌舞伎における時代錯誤に関しては、明治五年（一八七二）にそれを禁じるような訓戒が明治政府から出されます。第十章で触れる河竹黙阿弥《かわたけもくあみ》らが東京府の第一区役所に呼び出されて、たとえば羽柴秀吉を真柴久吉《ましばひさよし》（歌舞伎における役名）と書き換えるのは良くない、などという指示を受けました。劇場は歴史を知るための一種の「小学校」と見なすべきだとの考えに基づいて、そのようなお達しを下したことが当時の新聞記事に見えます。(6)

ふしぎの国、日本を知るための戯曲

ところで『寺子屋』という芝居は、ある時期、日本を代表するドラマの一つとして西洋に非常にアピールしたことがありました。ドイツのケルンで上演されたのは一九〇七年（明治四十）。現地のキャスト・スタッフによる舞台は、日本人のほとんど「狂信的」なまでの忠義の観念を大胆に表現しているとして、ある意味で『ニーベルンゲンの歌』(7)をも上回ると評されたのでした。(8)一九〇八年には、ベルリンで近代を代表する演出家のマックス・ラインハルト(9)の演出でも上演されて、これの劇評では、旧約聖書のアブラハムがわが子イサクをエホバの神に犠牲として捧《ささ》げようとした故事が引き合いに出されています。(10)

この時代になぜ『寺子屋』が海外で上演されたのかというと、背景として日露戦争があるように思われます。当時は日露戦争の直後で、この戦争で勝利した日本に、東洋の神秘な国として注目が集まったのです。ちょうど一九八〇年代くらいに経済大国となった日本に世界が注目したのと似ているかもしれません。五千円札で知られる新渡戸稲造《にとべいなぞう》(11)の書いた『武士道』という本が日清戦争後に世界で広まったのと同様に、日本人に世界の人が注目していた時期だからこそ、『寺子屋』という芝居が取りあげられたのでしょう。

さらに一九一六年には米国で、M・C・マーカスによる翻案戯曲『マツ（The Pine Tree）』が上演され、それが日本に逆輸入されて歌舞伎俳優の阪東寿三郎《ばんどうじゅさぶろう》[12]一座と新劇人[13]らによって競演されることにもなります。[14]阪東一座による舞台は、道真の息子の死を見届けに来る検使役の一行が、「お江戸日本橋」の和洋合奏で登場し、ラストの通常「いろは送り」と呼ばれる鎮魂のくだりは、「アベ・マリア」の演奏になるという、実に風変わりなものでした。[15]

今ではほとんど知られていないこれらの上演記録ですが、日本というものを考えるときに、欧米人が『寺子屋』の戯曲に注目したこと、つまり、西洋のオリエンタリズム（東洋志向）の対象になった芝居だということに注目しておきましょう。

身替わり殺人は古臭い？

では日本で『寺子屋』という芝居が受けたのはなぜなのか。それを考える前に、『菅原伝授手習鑑』全体がどんな物語なのかをごく大ざっぱに説明しておきます。

まず、ある農村で庶民の家に三つ子（梅王丸、松王丸、桜丸）が誕生します。三つ子の兄弟はとても珍しいので、彼らは牛車《ぎっしゃ》の舎人《とねり》、今でいうなら政治家や皇族のお抱え運転手のようになります。政治家は菅原道真（劇中では菅丞相《かんしょうじょう》）と藤原時平《ときひら》（劇中では時《し》平《へい》）であり、兄弟が別々のお抱え運転手になっていたがために、両者の政争に巻き込ま

◆『菅原伝授手習鑑』の人物関係図◆

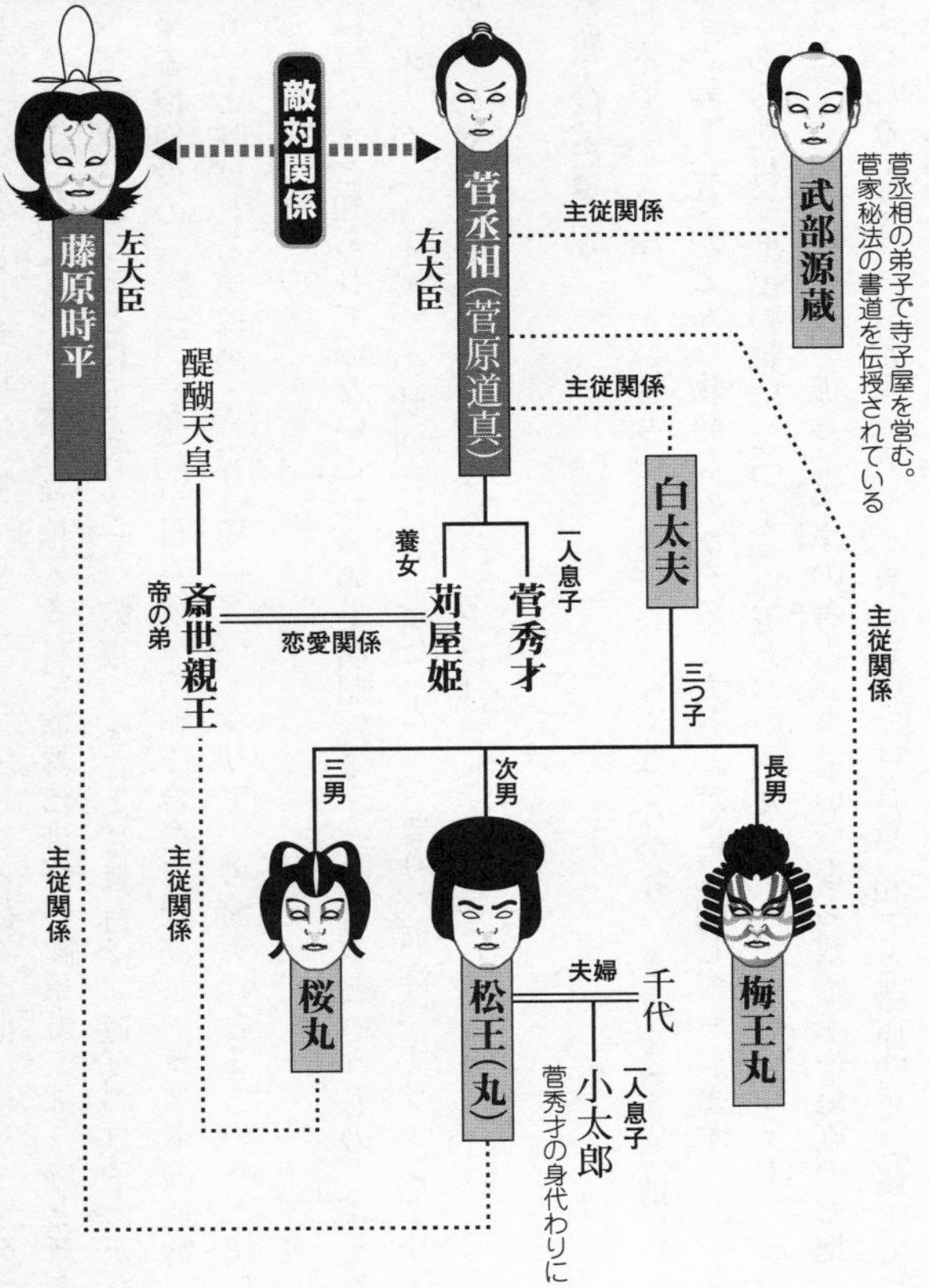

敵対関係
藤原時平
左大臣
菅丞相（菅原道真）
右大臣
武部源蔵
菅丞相の弟子で寺子屋を営む。菅家秘法の書道を伝授されている
主従関係
主従関係
白太夫
主従関係
醍醐天皇
帝の弟
斎世親王
恋愛関係
養女
苅屋姫
一人息子
菅秀才
三つ子
三男
次男
長男
主従関係
主従関係
桜丸
松王（丸）
夫婦
千代
梅王丸
一人息子
小太郎
菅秀才の身代わりに

れて、非常に悲しい思いをするお話だというふうに考えていいかと思います。

『寺子屋』は、政争に敗れて流罪にされた道真の子ども（菅秀才）が、道真の弟子であった武部源蔵《たけべげんぞう》の営む寺子屋に匿《かくま》われているところから始まります。時平から、その子の首を切って差し出せとの命令が下り、身替わりを立てようとする源蔵。いっぽう今は時平に仕えている三兄弟の次男・松王丸が、首実検すなわち首が本物かどうかを鑑定に行くことになり、恩人の子を殺すわけにはいかないと思いつめた松王は、自分の子ども（小太郎）を寺子屋に送り込みます。若君菅秀才の身替わりに小太郎を源蔵に殺させる、というお話です。

松王がなぜ検使役になるかというと、三兄弟が生まれたのは菅原道真の領地で、道真は三つ子の誕生を祝福してくれた最初の人でもあり、彼のほうも道真の子どもの顔を見知っていたからです。ただ松王だけでは怪しいというので、もう一人の検使役がついていくことになります。ちなみに江戸時代は相互監視のシステムが働いて、何でも二人でやらせるのが制度上の原則でしたから、舞台にもそれが反映されます。

松王が首実検するのを監視に行った春藤玄蕃《しゅんどうげんば》という人物は、あらかじめ「生顔《いきがお》と死顔《しにがお》は相好《そうごう》が変るなどと、身替りの贋首《にせくび》それもたべぬ。古手《ふるて》な事して後悔すな」といいます。死んだ顔と生きた顔は違って見えるなどといって、身替わりの首を用意しても自分には通じないぞ、そんな古臭いことをしてもだめだぞ、と牽制《けんせい》するのです。

こうしたセリフでも、身替わり劇は、この時代でもすでに古臭い、もう芝居ではやられ尽くしたという感覚があったとわかります。

裏を返せば、だからこそ松王は、自分の子どもを犠牲にしなくてはならないのです。

ストーリー上では若君の身替わりにはよほど品のいい顔をした子が必要だし、源蔵はそこまでの子を用意できないであろうという前提があります。また初演時の観客にとっては、まさか検使役の子が身替わりになるとは思いも寄らず、驚きの展開だったことは間違いありません。それにしても、寺子屋の師匠、今なら小学校の先生にわが子を殺させるという凄《すご》い展開にしなくてはならなかったくらい、この時代には身替わり劇がポピュラーなワンパターンだったことも知っておかれたほうがいいでしょう。

身替わり劇の二つの系譜

日本で最初の身替わり劇に、能の『仲光《なかみつ》(16)（別名満仲《まんじゆう》）』という演目があります。能と同時期に流行した芸能である「幸若舞《こうわかまい》(17)」の中にも『満仲』という演目があって、両者は同じような話になっています。源満仲、俗に「まんじゅう」と呼ばれる有名な武将が、学問をしない息子の美女丸《びじよまる》に憤って、「あんなに勉強しない子は手討ちにしてしまえ」と無茶苦茶に乱暴なことをいいだします。それを聞いた家来の仲光が主人の子どもを殺すわけにはいかないと思っていたら、わが子の幸寿丸《こうじゆまる》が「私が身替わりになりましょ

首実検をする松王（九代目松本幸四郎）。源蔵（二代目中村吉右衛門）とその妻・戸浪（二代目中村魁春）がその場面を固唾を呑んで見守る（平成十八年九月、歌舞伎座／写真提供：松竹株式会社）

う」と自ら申し出て、首を討たれるという非情なお話です。

幸若舞、能という中世からの古い芸能に、こういう物語がすでにありました。中世は戦乱の時代だから、この話にはそれなりのリアリティもあったでしょう。戦場で、武士が主君の身替わりに死ぬのは当然といった時代感覚の中で生まれた物語として、幸若舞の『満仲』や能の『仲光』は見ておかなくてはなりません。

こうした物語を取り入れて、武士人口の多かった江戸では歌舞伎でも早くから身替わり劇がよく上演されていました。元禄十五年（一七〇二）に江戸山村座で上演された『鬼城女山入《おにがじょうおんなやまいり》』は、やはり『満仲』に出てくる美女丸の運命を扱いながら、彼に恋する女性が身替わりになるという設定で、近世らしい恋愛のモチーフが取り入れられています。元禄十一年（一六九八）、中村座上演の『関東小禄《かんとうころく》』では、味方の目をも欺《あざむ》き通してわが子を身替わりに殺した忠臣が、身内から若君を殺した罪をなじられ、さんざん辱《はずかし》められて、事態が明らかになると、今度は彼を辱めた父親が不明を恥じて自害するという、悲惨な結末を迎えます。元禄十三年（一七〇〇）に森田座で上演された『和国御翠殿《わこくごすいでん》』も似たようなパターンで、若君の身替わりに実子を殺した家老の妻が、そうとは知らぬ夫に裏切り者としてさんざん打擲《ちょうちゃく》される設定です。

しかし『寺子屋』という芝居には、それらとは多少別系統の要素も含まれているのではないか、と私はにらんでいます。

『寺子屋』が初演された上方には、昔から江戸とは別種の身替わり劇がありました。「古浄瑠璃」(18)と呼ばれる人形浄瑠璃の初期のころに『阿弥陀胸割《あみだのむねわり》』『清水観音利生《りしょう》物語』というような身替わりの話がいくつかありますが、タイトルで、ストーリーはある程度想像がつくかもしれません。

『清水観音利生物語』は、ある金持ちの息子が病気を患って死にかけていて、生肝を食べたら治るというので、貧しい子どもの生肝が取られてしまうお話です。何やら現代の臓器売買を想《おも》い起こさせますが、貧しい子どもが殺されたと思ったら、観音さまが身替わりになっていたという救いがあります。人間が極限に追いつめられたときに、仏が身替わりになって救ってくれる物語が、上方の伝統的な身替わり劇だったわけです。『寺子屋』の中で、松王が「これは若君の首だ」と偽首にOKを出したときに、「黄金仏が身替わりになったのではなかろうか」というようなことを源蔵の妻、戸浪《となみ》がいいます。そこには上方の身替わり劇の伝統を踏まえたニュアンスが込められているのです。つまり武士の身替わり劇と身替わり仏の物語、ちょうどその接点に誕生したのが『寺子屋』だといえるかもしれません。

組織に属するゆえの悲劇に共感

さて、『寺子屋』の中で絶対に忘れてはならないのが「せまじきものは宮仕え」というセリフでしょう。若君を守るためにとはいえ、源蔵が身替わりとして殺そうとするのは見知らぬ他人の子ども。彼はそれが松王の子だということを、最初は知らないわけです。寺子屋の先生が、入学してきたばかりの子どもを殺そうとするのだからずいぶん無茶苦茶な話です。それでも仕方なく子どもを殺す決心をしたときに、源蔵が「せまじきものは宮仕え」という苦渋のセリフを吐きます。つまり偉い人に仕えるなんてことは、すべきでなかったと後悔するのです。

「せまじきもの」というのは文法的には間違いで、「すまじき」が正しいのですが、「せまじきものは宮仕え」は、『寺子屋』以前の芝居にもよく使われていた言葉なのです。

たとえば近松門左衛門が書いた『東山殿子日遊《ひがしやまどのねのひのあそび》』(19)や『忠臣《ちゆうしん》身替《みがわり》物語』(20)にもあるし、先ほど触れた古浄瑠璃の『清水観音利生物語』でも、子どもを殺さなければならなくなった瞬間に、「せまじきものは宮仕え」という言葉が出てきます。つまり『寺子屋』の時点ではすでに慣用句のようになっていました。

考えてみれば、『菅原伝授手習鑑』という芝居全体を貫く悲劇的テーマが、「せまじきものは宮仕え」なのかもしれません。偉い人のお抱え運転手になったがために政争に巻き込まれ、兄弟のうちの一人、桜丸は切腹して死んでしまうし、松王は自分の子どもを殺さなければならない、という羽目に追い込まれました。まさに「せまじきものは宮仕え」という感慨を催さずにはいられないお芝居です。

ここで間違ってはいけないのですが、江戸時代の人も、子どもを身替わりに殺すことが当たり前だと思っていたわけでは決してありません。彼らにとっても、この芝居はあくまで過去の話であって、自分たち自身の話ではないのです。昔の人はなんと気の毒なんだろうと思って見ていた。つまり「時代物」として見ていたのです。ただし、この芝居が日本で長く好まれていた背景には、いつの時代にも「せまじきものは宮仕え」的な鬱屈した感情、自分がどこかに勤めていたり、何らかの組織に属していると理不尽な目に遭いやすいという、一種独特の感慨があるのではないかと思われます。

そして「せまじきものは宮仕え」は、つい最近まで、日本人の会話に残されていた慣用句でした。『ハムレット』のセリフ、「トゥ・ビー・オア・ノット・トゥ・ビー」がイギリスでポピュラーであるのと同じくらい、ある時代までの日本には「せまじきものは宮仕え」が広く浸透していたような気がします。

子殺しの芝居に涙する心

いっぽう『寺子屋』に限らず、子どもを犠牲にする話が歌舞伎の中にはたくさんあります。芝居の中とはいえ、なぜこうも簡単に子どもを殺してしまうのかという点についても、一つ考えておかなければなりません。以前、私がある講座でこの問題に触れたときに、あるご婦人が次のような話をされました。

昔は生活苦や食糧難で子どもを堕《お》ろしたり、生まれても間引いたりするケースが日常的にあって、また病気などで子どもを死なせてしまった人が今とは比較にならないくらい多かったはず。たくさんの人が現実に自分の子を喪《うしな》っているという事実が前提にあって、それに対する贖罪《しょくざい》意識のようなものが生まれ、子殺しの芝居を見て涙を流すことで、いわば心の浄化を果たしていたのではないか、とのご指摘でした。

これは子を持つ母親ならではの見解だろうと思います。江戸時代には、捨て子の禁令や、子堕ろし業の禁止のお触れが何度も出ており、ということは、実際いかにそういった例が多かったかの証拠にもなります。

民俗学者の柳田國男《やなぎたくにお》が(21)「妹《いも》の力」(22)と題する論文の中で、最近は子どもをとても大切にする風習が地方に根づいた、と述べているのを読んで、私は非常に驚いた覚えがあります。大正十四年（一九二五）に発表された論文で、以前は母乳が出ないと育たなかった嬰児《えいじ》の死亡率が低下したのは牛乳が普及したからだが、それを買って飲ませてまで子を育てようとするのは親心の大きな変化である、と書いているのです。

歌舞伎には『乳貰《ちもら》い』(23)という演目もあったぐらいで、昔は母乳が出ない場合は人からもらうしかなく、それもできなければ死んでも仕方がないと思われていた。「自然に育つ者だけが育つといふ有様《ありさま》」をだれもふしぎに思わなかった時代と、異常な少子化を迎えた現代とでは当然ながらずいぶん感覚が違うはずです。

『寺子屋』はかつて子どもを死なせてしまった人が非常にたくさんいたという時代の中で見られていたことを忘れてはいけません。子殺しの芝居には、その人たちの心に強く訴えかけるものがあったのです。仏が身替わりになるように、子どもが身替わりになってくれたおかげで自分が生きていられるのだという実感が、子どもを喪った人の心のどこかにあったのではないか。観客自身の、今ある自分は子どもが救ってくれたのかもしれないという思いと重なることで、身替わり劇は非常に愛好されたのではないかと思えてきます。

そして「せまじきものは宮仕え」という屈託に満ちた本音のセリフ。組織のトップを守るために結局いちばん理不尽な目に遭うのは、常に自分たち末端にいる者ではないかというやるせない感情。多くの庶民が日常で無意識に抱いている気持ちを、極限の状況下でいわしめる点が共感を呼んで、『寺子屋』は日本で長く上演され続ける芝居になったのだろうと思います。

第四章
人間《ひと》を省みる動物《アニマル》ファンタジー
――『義経千本桜〈四ノ切〉』

人形劇がもたらしたもの

『寺子屋』と同様、人形浄瑠璃から歌舞伎に取り入れられた作品で、今でもよく上演されているものの一つが『義経千本桜』[1]です。このように人形浄瑠璃のレパートリーを数多く取り込んでいるところが、歌舞伎というものを考える上ではとても重要になります。

正徳五年（一七一五）に近松門左衛門が書いた『国性《こくせん》爺《や》合戦《かっせん》』[2]という人形浄瑠璃が上演され、これがヒットして空前のロングランになると、歌舞伎もさっそく取り込んで、京、大坂、江戸の三都でいっせいに上演するほどの一大ブームを巻き起こします。このことが一つのきっかけとなって、以後歌舞伎は盛んに人形浄瑠璃の作品を取り入れるようになるのです。

人形浄瑠璃は、今日のアニメと似ている気がします。たとえば宮崎《みやざき》駿《はやお》のアニメは大人の鑑賞にも十分堪えるどころか、ストーリーやテーマの壮大さという点では人間の俳優が演じる映画よりも優れているかもしれない。江戸時代の人形浄瑠璃も人形劇とはいえ、ドラマ作りの点では歌舞伎よりもはるかに優れていた時代がありました。

そして前章でも書いたように、一七四〇年代、延享・寛延期には「操り段々流行して、歌舞伎は無が如し」といわれるほどの状況になる。この時期に『菅原伝授手習鑑』『義

◆人形浄瑠璃『義経千本桜』の場割◆

段	口	中	切
初段	大内	北嵯峨庵室	堀川御所
二段目	伏見稲荷	渡海屋	大物浦
三段目	椎の木	小金吾討死	鮓屋
四段目	道行初音旅	吉野蔵王堂	河連法眼館（狐忠信）……【四ノ切】
五段目	吉野山中		

経千本桜』『仮名手本忠臣蔵』という三作品は人形浄瑠璃で二年の間に立て続けに生まれ、直後に歌舞伎で上演されたのでした。

歌舞伎のドラマで古典として定着したレパートリーのうち、七割方が人形浄瑠璃をもとにした作品といわれるほどで、いかにその影響が大きいかです。

戯曲を借りたばかりでなく、浄瑠璃をナレーションやBGM風に芝居の中へ取り込むことで、歌舞伎の演技や演出は相当に変化しました。パントマイムのマリオネットやロボットダンスにも似た「人形振《にんぎょうぶ》り(3)」もむろんその影響下に生まれています。さらにそうした歌舞伎がまた人形劇にも影響を与えるという具合に、両者は盛んに交流しあいながら今日に受け継がれてきたのです。

さて、本章で取りあげる『義経千本桜〈四ノ切《しのきり》〉』は、人形浄瑠璃から歌舞伎に移された演目の中でも非常に人形劇らしい作品といえるかもしれません。『義経千本桜』全体は非常に長い芝居で、ラストに近い

『河連法眼館《かわつらほうげんやかた》の段』を指して、「四ノ切」という言い方をします。人間（佐藤忠信《ただのぶ》という武士）に化けた狐（＝「狐忠信《きつねただのぶ》」と呼ばれる）が、ドラマの主人公になる場面で、『義経千本桜』の中でも独立して上演される機会が多い演目です。

まず「四ノ切」とは、人形浄瑠璃の構造から来ている言葉で、人形浄瑠璃は全体が五段で成り立つ作品が多く、全五段だけれども、五段目はしだいに付け足しのエピローグ風なものとなり、実質的には四段構成のドラマといってもいいでしょう。その中で三段目がいちばんのクライマックスで、悲劇的な深みのある人間ドラマが描かれます。片や四段目は華やかなエンディング風のドラマと考えてください。

それぞれの段はまた「口《くち》」「中《なか》」「切《きり》」という具合に分かれています。場面は同じでも、導入部の少し軽いやりとりの部分が「口」。一段は「口」と「切」だけに分かれている場合もあり、「切」はとにかく一段の終結部。つまり「四ノ切」というのは、四段目の最後の部分という意味ですから、本来浄瑠璃をもとにした作品すべてに当てはまるわけで、前章で取りあげた『寺子屋』は、『菅原伝授手習鑑』の「四ノ切」なのです。ところが今では『義経千本桜』の狐忠信のくだりのみを指すようになりました。

鼓をめぐるドラマのルーツ

『義経千本桜』のタイトルロールはむろん源義経です。しかしながらこの芝居では義経自身がそれほど大活躍するわけではなくて、彼の周囲で巻き起こるさまざまな事件がドラマチックに描かれているのです。

「四ノ切」の話をする前に、まずは『義経千本桜』全体のあらましにざっと触れておくことにしましょう。ストーリーは平家滅亡後に、死んだはずの平知盛《たいらのとももり》、維盛《これもり》、教経《のりつね》という三人の武将が実はまだ生きていたという設定で進行します。平家を討伐した義経は、後白河《ごしらかわ》法皇に次は兄頼朝《よりとも》を討てという内命を受けるも、兄との対決を避けるべく大物《だいもつの》浦《うら》から九州に渡海しようとして、そこで船頭となって潜伏していた知盛の軍勢に襲われます。しかし知盛は義経に撃退され、匿っていた安徳天皇を義経に託して再び海中に没するという話が「二段目」。いっぽう維盛はかつての家来が営む鮨屋《すしや》に匿われていましたが、そこに頼朝側の追及の手が伸びて、鮨屋一家の不良息子いがみの権太《ごんた》は自らの改心を親に示すつもりで維盛一家を救うために妻子を犠牲にします。にもかかわらず、その行為が親に誤解されて権太は無惨にも親に殺されてしまい、維盛は人の世の無常を感じて出家を遂げるのが「三段目」。教経は吉野山中で横川覚範《よかわのかくはん》と名乗る悪僧となって僧兵を率いて義経に襲いかかりますが、義経は狐忠信の助けを借りて、これも難なく退けて「四段目」が終結します。

ところで日本人のメンタリティーを考える上で、どうしても無視することのできないものとして「判官《ほうがん》びいき」という言葉があります。判官びいきの「判官」は九郎判官義《くろうほうがんよし》経《つね》、つまり源義経のこと。この言葉はつい最近まで生きていて、負け続けていた阪神タイガースを応援するのは一種の「判官びいき」だなどといわれたものです。つまり敗者に同情的な見方をするのが判官びいきなら、『義経千本桜』は芝居全体がいわゆる「判官びいき」に貫かれています。ただしそれは義経自身に対する「判官びいき」ではなく、皮肉にも彼によって滅ぼされた平家の運命に対する同情と哀惜となって現われているのですが、ここではそうした「二段目」「三段目」のストーリーには深く触れずに、「四ノ切」に絞って話を進めることにします。

ひとまず狐忠信に関わる部分に沿ってもう少し詳しく筋を紹介すると、義経が後白河法皇から、平家討伐の恩賞として「初音鼓《はつねのつづみ》」と呼ばれる鼓をもらうことが発端になります。桓武天皇が雨乞いのために使ったとされるこの鼓がクセモノで、表と裏の皮にはおそらく兄弟の狐の皮が使われているとされ、鼓は音を出すときに表側を打つので、これは「兄頼朝を討て」という謎かけの指令だったのです。つまり義経は後白河法皇から、兄・頼朝を討てという院宣[4]を内々で受けたことになります。

しかしながら初音鼓の皮になったのは、実は兄弟ではなく、夫婦の狐でした。宮中にある間は鼓に近づけなかったその夫婦狐の子どもが、宮中から外に出たとたんに鼓につきまとい始めます。お父さんとお母さんを慕って、子狐が鼓にずっとつきまとうのです。兄との対立を避ける形で、義経は都からの脱出を決意し、恋人の静御前《しずかごぜん》といったん別

自分と似た境遇に同情した義経から鼓をもらった源九郎狐（十八代目中村勘三郎）は狂喜乱舞し、満開の桜の中を駆けめぐる（平成十八年十二月、南座／写真提供：松竹株式会社）

れを告げる場面に、たまたま郷里で怪我《けが》の養生をしていた義経の家来、佐藤忠信(5)が現われて、静のボディーガードを務めます。この忠信が、実は狐が化けたもので、義経から鼓を託された静につきまとって、義経の待つ吉野まで行くことになります。

静が義経と吉野で再会を果たしたちょうどそのとき、本物の佐藤忠信が郷里から戻って主君のもとに駆けつけます。狐忠信のほうは当然ながら正体を疑われ、ついには文字通り化けの皮を現わして、鼓作りのために両親を殺されたことを告白し、ぱっと姿を消してしまいます。親を恋い慕う子狐の心根を哀れんだ義経は、彼を呼び返そうとして静に鼓を打たせますが、鼓はもはや音が出なくなっています。舞台の見どころは子狐が哀しい身の上を物語るくだりですが、ドラマとしてのポイントは、静が打った瞬間に、鼓がぴたっと音を止めてしまうところにあると私は思うのです。

能に『天鼓《てんこ》』(6)という演目があります。天から鼓の名器を授かった少年が宮廷にその鼓を差し出せといわれて、それを拒んだことによって殺されてしまう。殺されたあと、鼓はだれが打っても音がしなくなるが、少年の父親を探し出して、父親が鼓を打つと音が鳴る。皇帝はこの奇跡に哀れを感じて、自分が酷いことをしたと気づき、父親に多くの宝を与えて帰らせる、というストーリーです。

この能のタイトルを借りて、近松門左衛門は『天鼓』という人形浄瑠璃を書きました。ストーリーは全然違って、家宝の鼓を持っているお姫さまがいて、妻をその皮にされてしまった古狐が鼓を守るべくお姫さまを助け、悪人を退治するという、いかにも人形劇っぽいお話です。能と人形浄瑠璃、双方の『天鼓』が合体して、「狐忠信」の話はできあがったのだろうと思われます。

物語や芸能に描かれた狐エピソード

鼓が音を止めた瞬間に「人ならぬ身もそれ程に、子故に物を思ふか」と静御前は心を打たれ、義経は義経で「我とても生類の、恩愛《おんない》の節義身にせまる」とつぶやきます。そのあとに「せめては兄の頼朝にと、身を西海の浮き沈み、忠勤仇《あだ》なる御憎しみ」と義経は述懐して、平治の乱(7)で父・源義朝《よしとも》が討たれたあと、せめて親に代わって兄の頼朝に孝行しようと思い、西海の戦場で活躍したのがかえって仇となって、兄の憎しみを買った身の上を嘆くのでした。

親を失った狐に我が身を仮託して、義経は「親とも思ふ兄親《きょうしん》に、見捨てられし」と嘆き悲しみます。動物でさえこれほど親子の情愛を持っているのに、自分たち人間の兄弟がなぜこんなに憎しみ合わなくてはならないのか、と嘆くところ。つまり狐親子の情に人間が逆に教えられる、という構造になっているのが、このドラマの最大のポイントです。

しかも歌舞伎では、その狐を人間が演じるのです。特殊な毛縫いの衣裳や鬘をつけ、手のしぐさばかりでなく、浄瑠璃の「狐詞《きつねことば》」というテクニックを使った独特のセリフ回しで狐を表わすわけですが、そもそも人形でやっていた「動物」を生身の役者が演じることに違和感はなかったのでしょうか。

狂言には『釣狐《つりぎつね》』という狐が主人公になる演目があります。狂言師の修業は俗に、「猿に始まり、狐に終わる」(猿は『靱猿《うつぼざる》』(8)のこと)といわれ、『釣狐』が修業の最終段階で演じる難曲とされるのは、非常に不自由な姿勢で、歩くのにも「獣足《けものあし》」という特殊な足の運び方をして、狐の姿を表現するからでしょう。

ストーリーは、狩猟好きの男によって仲間がどんどん殺されているのを憂いた狐が、その男の伯父に化けて「殺生をするな」と諫《いさ》めに行き、その帰り道で、罠に仕掛けられたネズミの油揚げの匂いにつられて畜生の本能に返り、敢《あ》えなく罠にひっかかってしまうというもの。

狐が出てくる話はさらに遡ると『今昔物語《こんじやくものがたり》』(9)にもいくつかあって、狂言の『釣狐』で、狐が「仇をなせば仇をなす、恩を見すれば恩を報ずる」動物と描かれるのは、『今昔物語』の見方を受け継いでいます。

狂言は基本的に、おかしなことを演じる、いわばコントですから、動物が登場する演目がけっこうたくさんあって、牛、馬、狐、狸《たぬき》、猿のほか、特殊なものでは蟹《かに》や蛸《たこ》、蚊まで出てくる。コントでは、着ぐるみの衣裳をつけて人間が動物を演じてもさほどの違和感はありません。

『義経千本桜』も最初は人形劇ですから、動物が出てくることに違和感はなかったでしょう。歌舞伎はそれら二つの芸能の要素を取り込んで「狐忠信」という特殊な存在を成立させました。

和洋で違う？　舞台の動物

　ほかにも歌舞伎には実にたくさんの動物が登場します。第一章でも紹介した式亭三馬《しきていさんば》の[10]『戯場訓蒙図彙』は、百科事典のパロディとして、獅子《しし》、虎、牛、馬、猿、鼠《ねずみ》、猪《いのしし》といった具合に歌舞伎の舞台で活躍する動物たちを並べています。つまりそれくらい、歌舞伎の舞台に動物が出てくるのは当たり前だったということなのです。

　片や西洋の演劇はどうなのか、がぜん私は気になって、シェイクスピア劇の翻訳者として知られる松岡和子[11]さんに、シェイクスピア劇の舞台では役者が動物に扮するケースがあるのかどうかうかがってみました。

　たとえば『リチャード三世』[12]には馬が出てきます。「馬だ！　馬をよこせ！　代りに俺の王国をくれてやる、馬！」という主人公の最後のセリフが印象的な芝居で、蜷川幸《にながわゆき》雄《お》演出の『リチャード三世』では、歌舞伎よりずっとリアルな感じの作り物の馬の中に人間が入っていました。ところが同じ蜷川演出の『ハムレット』をイギリスで上演したときのこと。ノルウェーの王子、フォーティンブラス役の俳優が作り物の馬にまたがって舞台に登場するシーンで、観客がどっと笑ったといいます。
イギリス人の感覚だと、シェイクスピア劇に馬を出すとすれば、それは本物の馬以外あり得ないだろうと松岡さんはおっしゃいます。シェイクスピア劇で動物のかぶりものが出てくるのは、『夏の夜の夢』でロバにされてしまう男と、『冬物語』の熊ぐらいなのだとか。そこでも、今までの悲劇はみんなお伽話《とぎばなし》なんですよという象徴として、かぶりものの熊を出すのであるから、やはり観客はどっと笑うのだというお話でした。

歌舞伎では、かつて下っぱの役者を「馬の足」と呼んだくらい、作り物の馬が出るのは当たり前のようになっていて、『一谷嫩軍記《いちのたにふたばぐんき》』(13)の「檀特山《だんとくせん》」の場のように、大活躍するシーンもあります。ちなみに並木五瓶《なみきごへい》という作者は一度だけ本物の馬を芝居に出したらしいのですが、馬が舞台の上で粗相をしてしまい、本物はとても出せない結論となったようです。

動物に情愛を読み取るセンス

歌舞伎では動物だけではなくて、人間が植物まで演じるケースもあることは第八章に譲るとして、そこにはすべての生き物や物質の中に霊魂があるとする「アニミズム」の名残のようなものが窺えます。どこの国でも近代以前にはアニミズムが多少は見られるとはいえ、近代以降も大人が見ている芝居にここまでそれを残した例はめったにないよ

◆『戯場訓蒙図彙』に見る歌舞伎の動物カタログ◆

【戯場訓蒙図彙《しばいきんもうずい》】

▲馬.猿.熊.犬

▼鼠.蝦蟇.猪.狐

享和三年（一八〇三）初版発行。芝居の世界のあらゆる事柄を分類して取りあげ、それぞれに図を添えて子どもや芝居に明るくない人に紹介するという体裁をとった、式亭三馬の滑稽本。

うに思われます。

中世の語りものである「説経節《せっきょうぶし》」(14)の中にも『信太妻《しのだづま》』という、やはり狐が出てくる話があって、それをもとにした人形浄瑠璃の『蘆屋道満大内鑑《あしやどうまんおおうちかがみ》』(15)も歌舞伎の人気演目になっています。俗に『葛《くず》の葉《は》』と呼ばれる芝居です。

人間が狐と契って子どもが生まれ、その子どもがのちに陰陽師《おんみょうじ》の安倍晴明《あべのせいめい》(16)になったという伝説に基づいたストーリーで、母親の狐がわが子安倍童子と別れる哀《かな》しみを情愛たっぷりに見せます。狐が人間以上に人間らしい情愛を感じさせるところに、こうしたドラマの面白さがあります。

『義経千本桜』でも、親子兄弟で憎み合う人間よりも、狐のほうがよほどまっとうだというふうに描かれている点に注目すべきでしょう。

人間が、動物の姿を見ることによって人間を省みるようなドラマ。むしろ動物や植物のほうにこそ「人間らしい」情があるのだとする芝居作りは、とても日本人的な感性の産物であるような気がします。動物や自然に学ぶという謙虚な姿勢。そうした優しい感性こそが、日本人の豊かな自然に対する向き合い方だったのです。そしてその感性に沿った方向でのドラマ作りは、今ではたとえばテレビの動物番組といったものの中に見受けられるような気もします。動物の子別れ映像に、大人が思わず見入ってしまうセンスと、歌舞伎を楽しむセンスとはまんざら無縁なものではないのかもしれません。

第五章
あなたは本当の「忠臣蔵」をご存知ですか？
――『仮名手本忠臣蔵』

近代の「忠臣蔵」イメージ

今はさすがにそこまでの威力がなくなったけれど、ひところよく「最近の若い者は『忠臣蔵』も知らなくなった」といわれたくらい、「忠臣蔵」は日本人の常識とみられていたものです。したがってすでに語り尽くされている観もあるのですが、ここでは敢えて「忠臣蔵」の常識をもう一度問い直してみたいと思います。あなたは歌舞伎の「忠臣蔵」を本当にご存知でしょうか？

たとえば「高田馬場の決闘」で有名な堀部安兵衛(1)や「徳利の別れ」でおなじみの赤垣源蔵(2)は、歌舞伎の「忠臣蔵」だとほとんど活躍しません。彼らは幕末から明治時代にかけて流行った講談の「義士銘々伝《ぎしめいめいでん》」(3)というシリーズで誕生したヒーローなのです。つまり「忠臣蔵」は元禄十五年（一七〇二）に起きた赤穂《あこう》浪人の討ち入り事件を題材にしたさまざまなジャンルの作品の総称となっていますが、それらの多くは歌舞伎の「忠臣蔵」とは本来無縁なものです。

明治期にはまた、日露戦争後に浪花節の大スター桃中軒雲右衛門《とうちゅうけんくもえもん》(4)が「義士伝」を流行らせますが、彼の後ろ盾には玄洋社という右翼の結社がついていたこともあって、「忠臣蔵」を取り巻く雰囲気はしだいに忠君愛国を謳《うた》った国粋主義的な色合いを帯びていきます。かくして第二次世界大戦前は小学校の国定教科書にまで大きく扱われ、平和が長く続いて軟弱な気風に流れた元禄時代において「人心を新たにせしは赤穂義士の復《ふく》讐《しゅう》なり」と礼賛されるようになり、ある世代までの日本人にはこれが決定的なイメージになったものと思われます。

そうしたことの反動として戦後はGHQの指令によって一時上演禁止の憂き目にも遭い、歌舞伎の上演が復活するのは一九四七年。映画の解禁は一九五二年で、以降、映画各社が毎年競って「忠臣蔵」の時代劇を制作するようになり、その中ではさまざまなバリエーションも生まれました。私が子どものころに見たものには、森繁久彌《もりしげひさや》主演の東宝「社長シリーズ」の一環『サラリーマン忠臣蔵』[5]や、母犬を殺された子犬が仲間と敵討ちをする児童向けの東映アニメ『わんわん忠臣蔵』[6]という珍品まであったくらいで、それほど「忠臣蔵」は人口に膾炙《かいしゃ》し、日本人の心に深く浸透していたともいえるのです。

戦後の映像作品で最も多くの日本人に見られたのは一九六四年、東京オリンピックの年に放映された大佛《おさらぎ》次郎原作によるNHK大河ドラマ『赤穂浪士』[7]ではないでしょうか。テレビが各家庭に急速に普及する中で、当時はまだ番組数が限られていたこともあって非常な人気作品となりました。人気の背景には当時の高度経済成長があったようにも思われます。日本人一人ひとりは肉体や能力が貧弱であっても、大勢が一致団結してかかれば難事業も達成して、敗戦の屈辱からもう一度立ち上がれるという幻想を振りまいたところに、『赤穂浪士』が人気を呼んだ理由があったのではないかと私は思っています。以来、日本人は長らくそうした幻想に取りつかれ、「忠臣蔵」のイメージもその点が強調されていくことになります。

そして「ジャパン・アズ・ナンバーワン」(8)と認められた一九八〇年代には、作家の丸谷才一氏(9)が改めて『忠臣蔵とは何か』と問い直した著書が脚光を浴びました。丸谷氏の世代にとっては忠君愛国思想と切り離したところで「忠臣蔵」が語られる必要があったのでしょう。そこでは民俗学的な御霊《ごりよう》信仰論や文化人類学の祝祭（カーニバル）論の援用によって、人気の秘密がみごとに説き明かされています。

ところでテレビや映画で毎年のように忠臣蔵物が制作され続けた理由を、ごく冷めた視点に立って考えてみれば、なにしろ討ち入りした人びとだけで四十七人もいるし、周辺の人物を含めれば、どの人にスポットを当てるかによってさまざまなストーリーが作れるという点が現場的なメリットになっているように思われます。同じ題材で全く違うストーリーができるわけですから制作を繰り返せるし、それでいてよく知られている人物を説明抜きで登場させられる点が、作り手の側から見た「忠臣蔵」の大きな魅力ともいえるでしょう。

ホームドラマとして見る『仮名手本忠臣蔵』

元禄十四年（一七〇一）、江戸城松の廊下で赤穂藩主浅野内匠頭長矩《たくみのかみながのり》が高家《こうけ》[10]筆頭の吉《き》良上野介《らこうずけのすけ》を相手に刃傷《にんじょう》沙汰を起こしたことによって浅野家が断絶し、翌十五年に大石内蔵助《くらのすけ》を筆頭とする旧赤穂藩士が本所の吉良邸に討ち入った事件のドラマが「忠臣蔵」と呼ばれるようになったのは、ひとえに歌舞伎の『仮名手本忠臣蔵』[11]が異常なまでにヒットしたからでした。

『仮名手本忠臣蔵』は寛延元年（一七四八）に最初は人形浄瑠璃として上演されて、そのあとに歌舞伎で大変な人気レパートリーになった作品です。実はこれ以前にも同事件を扱った芝居はたくさん上演されているにもかかわらず、これが画期的なヒット作になった理由を探るために、まずはおおまかなストーリーを紹介しておきましょう。意外に思われるかもしれませんが、私はこの作品を三つ、あるいは四つの家のホームドラマとして見れば案外わかりやすいと考えています。

一つ目はまず塩冶《えんや》家の悲劇です。塩冶家とはいうまでもなく浅野家のことで、幕府の禁圧を恐れて事件を過去の時代に移し替えたから、浅野内匠頭＝塩冶判官《はんがん》[12]となりました。恐らく赤穂で塩がイメージされたのでしょうが、塩冶判官のほうも南北朝時代に実在した人物で、『太平記』第二十一巻に「塩冶判官讒死《ざんし》の事」というエピソードがあります。それによれば、彼の妻は大変な美人だったので足利《あしかが》幕府の執事高師直《こうのもろなお》[13]に激しく執着され、『徒然草』の作者として有名な吉田兼好《けんこう》の代筆による恋文をもらいますが、それを

◆『仮名手本忠臣蔵』の人物関係図◆

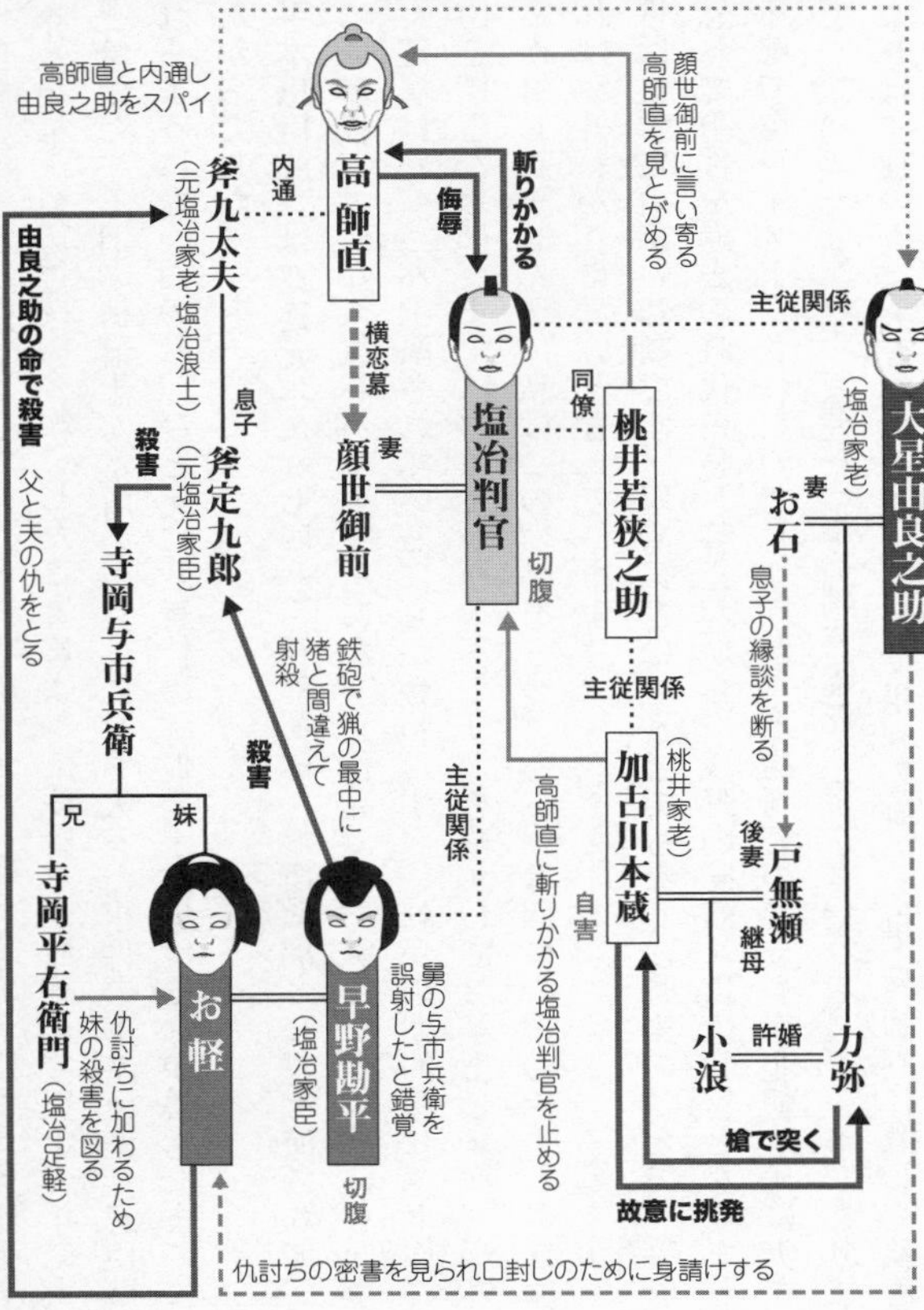

拒絶したために、逆上した高師直が塩冶判官のことを尊氏《たかうじ》に讒訴して滅ぼしたという理不尽な話になっています。『仮名手本忠臣蔵』はこのエピソードを踏まえて事件の発端としました。

まず大序《だいじょ》と呼ばれるオープニングで、高師直（＝吉良上野介）は塩冶判官の妻である顔世《かおよ》御前に色目をつかい、恋文を渡そうとするところをたまたま塩冶の同僚桃井若狭之助《もものいわかさのすけ》に見とがめられて邪魔されたことが悔しくて、若狭之助をさんざん侮辱します。若狭之助は憤りのあまり翌日は殿中で必ず師直を斬り殺そうと思いつめ、それを悟った桃井家の家老加古川本蔵《かこがわほんぞう》は短気な主人の逆を突き、松の枝を伐《き》って、こんなふうにすっぱりと斬っておしまいなさいと焚《た》きつけます（二段目「松伐りの場」）。その陰で登城する師直に賄賂を渡して、なんとか事が穏便に収まるよう工作するのです（三段目「進物場」）。工作の甲斐《かい》あって師直は殿中で異様なまでにへりくだって若狭之助に詫《わ》びを入れるので、若狭之助も刀を抜くに抜けず事無きを得て、物陰から様子を窺っていた加古川本蔵はひとまずほっと胸を撫《な》で下ろしました。ところがその直後に師直の前へ現われた塩冶判官はとんだとばっちりをこうむるはめになるのです。

彼は何も知らずに妻から託された手紙を師直に渡しました。そこには「さなきだに重きが上の狭夜衣《さよごろも》　我《わが》つまならぬ　つまな重ねそ」との古歌がしたためられて、自分には夫がいる以上あなたのお相手はできませんという顔世の婉曲《えんきょく》的な拒絶が告げられていました。先ほど若狭之助に対して屈辱的な対応をさせられたことにより、ただでさえ頭に来ていた師直は、顔世の拒絶でさらなる屈辱を感じて、その怒りの矛先を塩冶判官に向けます。今度は塩冶判官が全くわけがわからないまま師直にさんざん侮辱され、ついに堪《たま》りかねて斬りかかった瞬間、物陰に潜んでいた加古川本蔵が思わず塩冶判官を抱き止めてしまいます（三段目「殿中刃傷の場」）。

かくして師直を討ち果たせないまま、塩冶判官は無念のうちに切腹を遂げ、絶命する間際に国元から駆けつけた家老の大星由良之助《おおぼしゆらのすけ》（＝大石内蔵助）は彼の血汐《ちしお》に染まった短刀を託されます。顔世御前は夫の死を悲しんで髪を下ろし、そのあとすぐに城を明け渡すことになります。城を明け渡す際に若い侍たちが決起にはやるのを鎮めた由良之助は、心中深くに仇討ちを決意していました（四段目「判官切腹の場」「城明け渡しの場」）。

以上が塩冶家の悲劇です。悲劇の原因はやはり『太平記』の通り、塩冶判官の美人妻が師直のセクハラに遭い、夫がパワハラされたことに求められますが、加古川本蔵という桃井家の家老の忠義が結果的に他家の塩冶家に不幸をもたらし、仇討ちの原因を作った点を見逃すわけにはいきません。本蔵が塩冶判官を抱き止めなかったら、判官は師直を斬り殺してその後の仇討ちはなかったでしょう。また判官が刃傷に至るまで追いつめられたのは、本蔵が賄賂を使って自分の主人を守ったことにありました。

勘平（左）は猪と見誤って定九郎（右）を撃ち殺す（初代歌川国貞筆「仮名手本忠臣蔵」）

寺岡家の悲劇

塩冶家の悲劇にまず巻き込まれるのは寺岡平右衛門《へいえもん》（＝寺坂吉右衛門《きちえもん》）の一家です。平右衛門にはお軽《かる》という妹がいて、その恋人は塩冶家の家来早野勘平《かんぺい》でした。勘平は判官に付き従っていながら、刃傷事件が起きたときに運悪くお軽との逢引《あいび》き中でその場に駆けつけられなかったという、当時としては致命的な過ちを犯してしまいます。過ちを恥じて切腹しようとする勘平はお軽に止められ、とりあえず彼女の実家に身を寄せて猟師をしながら暮らしつつも、常に過ちの挽回《ばんかい》をしたいと願い、仇討ちの話を聞いてなんとかその仲間に加わりたいと思うようになります。

そこでまず仇討ちの軍資金を調達しなければならず、お軽の父・寺岡家の与市兵衛《よいちべえ》は娘のお軽を祇園町の遊女に身売りしてその金を工面してやろうとします。寺岡家はもともと百姓で、長男の平右衛門が塩冶家に仕えているといってもごく身分の低い足軽にすぎません。顔世御前の腰元をしていたお軽が、きちんとした武士の身分にある早野勘平と恋仲になり、彼を婿として迎えられたのが寺岡家にとってはとても誇らしいことなのでした。だからこそ勘平にはもとの武士の身分を回復してほしいと願って、娘を身売りさせて協力しようとするのです。

しかしながら与市兵衛は身売りの前金五十両を手にして帰宅しようとしているところを賊に襲われます。襲ったのは斧定《おのさだ》九郎《くろう》という、これまたもとは塩冶の家臣で、浪人してから強盗にまで成り下がった男でした。与市兵衛が定九郎に殺されて金を奪われた直後、たまたま猟師として猪を追っていた勘平が猪と見誤って定九郎を鉄砲で撃ち殺してしまいます。暗闇での出来事で、勘平は間違って人を撃ったことには気づいたものの、前後の事情は全くわかっていません。二個の弾丸を込めた強力な鉄砲で撃たれた男は即死していますが、ともかくも介抱しようとするうち、大金の入った財布が手に触れて、ふとした出来心でそれを家に持ち帰ってしまいます（五段目「二ツ玉の場」）。

帰宅した勘平は妻のお軽が身売りをして、舅《しゅうと》の与市兵衛が身売りの前金を持って帰ってくることになっているのを知らされますが、そこへその死骸が運ばれてきて、自分

大星由良之助（十七代目中村勘三郎）の密書を手鏡で覗き見るお軽（七代目尾上梅幸）と同じく床下で盗み読みしている斧九太夫（助高屋小伝次）の場面（昭和四十八年十二月、国立劇場大劇場／写真提供：国立劇場）

の持ち帰った財布がまさしく与市兵衛の財布だと気づきます。それでも彼はその金を仇討ちの同志に渡そうとするものの、姑《しゅうとめ》は彼が舅を殺して金を奪ったと思い込み、寺岡家の婿に対する精いっぱいの心づくしが裏切られたとして、勘平の非道をさんざんなじります。同志もそれを知っては金を受け取れないと突っぱね、勘平は絶望して切腹を遂げながら最期の弁明を試みます。そこから与市兵衛が負ったのは鉄砲傷ではなく刀傷で、勘平は定九郎を殺して図らずも与市兵衛の仇討ちを果たしたのが明らかとなり、それを手柄として主君仇討ちの連名に加えられることで満足しながら死んでいきます。

かくして寺岡家は当主の与市兵衛と婿の勘平を喪い、娘のお軽も身売りでいなくなって、平右衛門・お軽兄妹の母親だけがあとに独り淋《さび》しく取り残されます（六段目「勘平切腹の場」）。

いっぽうお軽が遊女として勤めだした祇園町の一力《いちりき》茶屋では、大星由良之助が仇討ちの企てを隠しながら毎夜賑やかに遊び暮らしていました。そこに寺岡平右衛門が押しかけて、なんとか由良之助の本心を探ろうとするのですが、心底《しんてい》はなかなか窺い知れません。片やお軽は由良之助のもとに届けられた密書をたまたま覗《のぞ》き見てしまい、それを知った由良之助は突然お軽を身請けして家に帰してやろうといいだします。

お軽はその直後にたまたま再会した兄の平右衛門にそのことを話します。そこから、平右衛門は仇討ちの企てが本当で、密書を覗き見たお軽を由良之助は殺すつもりだと判断し、それならいっそ自分の手で殺して仇討ちの仲間入りをしようとします。身分の低い足軽である彼は「人に勝《すぐ》れた心底《しんてい》を見せねば数には入られぬ」として、由良之助の信用を勝ち得るために、悲痛な思いで自分の妹を手にかけようとするのです。最初は抵抗していたお軽も、夫の勘平が死んだことを知らされるとこの世に未練もなくなり、おとなしく死を受け入れようとします。それらの事情を知った由良之助はすんでのところで兄妹を止めた上で、高師直方のスパイとして同じく密書を盗み読みしていた斧定九郎の父・九太夫《くだゆう》をお軽の手で殺させ、兄の平右衛門には仇討ちに参加を許すことになります

（七段目「一力茶屋の場」）。以上が塩冶家の悲劇に巻き込まれた寺岡家の顛末《てんまつ》でした。

加古川家と大星家

最後に塩冶家に悲劇をもたらした加古川本蔵の一家はどうなったかが描かれます。繰り返しになりますが、加古川本蔵は主君の身を守ろうとして賄賂を使い、結果的にはそのとばっちりが判官に及んで、しかも刃傷の場でとっさに抱き止めたために判官を無念のうちに死なせた人物でした。

その加古川家は事件が起きる以前に大星家と縁談が整い、娘の小浪《こなみ》は由良之助の息子の力弥《りきや》（＝大石主税《ちから》）に嫁ぐことを夢見ていました。事件によって大星家が浪人しても気持ちは揺るがず、継母の戸無瀬《となせ》と二人きりで大星一家が暮らす京都の山科《やましな》へ向かいます（八段目「道行《みちゆき》旅路の嫁入り」）。

しかし二人を迎えた由良之助の妻お石《いし》はけんもほろろの応対で破談を通告します。当然ながら主君塩冶判官にとっては敵ともいえる人物の娘を嫁とするわけにはいかないからです。小浪はそれでも力弥と一緒になりたいといい張り、継母の戸無瀬は思いあまってその場で二人して死のうと決意します。ちょうどそこへ現われた本蔵はお石を相手に大星家に対する悪口雑言を吐き散らし、わざと力弥に自分を槍《やり》で突き殺すようにし向けます。本蔵は自らの死に代えて、娘の気持ちを通させてやろうとしたのでした。本蔵の

戸無瀬(右)は娘小浪(中央)と力弥の縁組みを拒絶され、小浪を殺して自害しようとする。門の外では虚無僧姿の本蔵(左)が様子を窺っている。この絵では、三者の顔をめくるとさまざまな役者の顔が出てくる。複数の役者が入れ替わり『忠臣蔵』を演じたことがわかる(豊原国周筆「忠臣蔵　九段目」)

臨終にあたって由良之助は仇討ちの企てを打ち明け、本蔵のほうもまた高師直邸の絵図面を婿への引き出物として渡します。

本蔵は最後に「浅きたくみの塩冶殿[14]」と塩冶判官の浅はかな行為を嘆き、その短慮によって大星由良之助ほどの優れた武士が命を落とさねばならなくなったことを非常に惜しみながら息を引き取ります。それはまた自らの身の上についての嘆きでもあったかもしれません(九段目「山科閑居の場」)。

九段目に続く十段目は、仇討ちの武器を調達する天河屋《あまかわや》義平《ぎへい》という商人の一家が描かれます。義平は妻子を離縁してまで秘密を守ろうとしていますが、由良之助の一行が役人に化けてその心を試すというあざとい筋立てのため評判が悪く、しだいに上演がカットされるようになりました。十一段目はおなじみの討ち入りシーンながら、江戸時代には上演がカットされるケースも多かったようで、きちんとした演出が伝わらず、今日では原作とかけ離れた派手な立ち回りを見せ場とするだけのフィナーレにほかなりません。

さて、こう見てくると『仮名手本忠臣蔵』のストーリーは近代の「忠臣蔵」のイメージとはかなりかけ離れたものであることに気づかざるを得ないでしょう。その上で改めて、当時それがなぜ大変な人気を呼んだのかについての解明をしなくてはなりません。

超人気レパートリーだった証拠

天明五年（一七八五）に出版された『古今いろは評林《ひょうりん》』は、寛延元年（一七四八）の初演以来、京都・江戸・大坂の三大都市で上演された『仮名手本忠臣蔵』の配役を全部並べて、それぞれの俳優評を記した本で、それを見ると三十八年間になんと四十一回も上演されていることがわかります。

毎回新作の興行が基本だった当時の歌舞伎としては異例中の異例というべき上演頻度で、だからこそこうした本が出版もされたのでしょう。この本の中で「此度はどふするぞといふて、諸見物群集《くんじゅ》する」と書かれているように、今度の役者はどんなふうにあの役を演じてくれるのだろうという興味で見に行くようになったわけですが、今日でこそ当たり前でも、江戸時代にはそうした歌舞伎の見方が極めて特殊だったことを忘れてはいけません。

立川《たてかわ》姓の元祖とされる落語中興の祖、立川焉馬《えんば》(15)が編纂して文化八年（一八一一）に出版された『花江都歌舞妓年代記《はなのえどかぶきねんだいき》』には『仮名手本忠臣蔵』が「今に芝居の独参湯《どくじんとう》となる」と記されています。独参湯とは朝鮮人参を使った漢方薬で、吐血や下血した際に用いる強精薬として知られており、つまり劇場が不入り続きで興行が瀕死《ひんし》の状態に陥ったときのカンフル剤として効果がある芝居だというわけです。「独参湯」は焉馬オリジナルの比喩なのか、あるいは当時すでに世間でそういわれていたのかは定かでないけれど、とにかく近年まで関係者の間でよく聞かれた言葉です。

『仮名手本』以前のドラマ化

ところで『仮名手本忠臣蔵』以前にも赤穂義士討ち入り事件のドラマ化は盛んでした。事件直後に江戸の中村座で曾我《そが》兄弟の仇討ちになぞらえて劇化されたとの説もありますが、この話は宝井其角《たからいきかく》(16)と近松門左衛門という全く別人の手紙の中に書いてあるとされていて、どうも怪しく、これはたぶん後世の偽書だと見られます。事件直後にお膝元の江戸で事件を匂わせた上演は当時まず不可能だったと考えられ、むしろ上方で近松門左衛門がそれらしいドラマ化をかなり早い時点で試みていたことは今日に残された絵入り狂言本などから窺えます(17)。

その近松は『兼好法師物見車《けんこうほうしものみぐるま》』(18)『碁盤太平記《ごばんたいへいき》』という二部作の人形浄瑠璃で事件を真っ向から取りあげました。タイトルからもわかる通り、事件を『太平記』の世界に置き換えることはここから始まったのです。『太平記』には塩冶判官の家来として八幡六郎《はちまんろくろう》という人物が登場し、『兼好法師物見車』でも八幡六郎が活躍しますが、『碁盤太平記』では彼が大星由良之介という変名を使って仇討ちをする設定になっています。

『碁盤太平記』では、敵情を探るため高師直家に潜入していた足軽の寺岡平右衛門が逆に由良之介のスパイを命じられ、高師直方にわざと悪い報告をして油断させます。ところがスパイだとわかって大星力弥に斬られ、死ぬ直前にやっと自分は二重スパイだったことを打ち明けるのです。臨終間際に彼が碁盤を使って高師直邸の見取り図を説明する場面も、『忠臣蔵』九段目のラストに取り入れられています。

思えば討ち入りで庶民の興味の的だったのは、屋敷の様子を事前にどうやって知り得たのかという点だったでしょうし、それがこの作品で最初に描かれたわけです。屋敷の見取り図をめぐるエピソードは以後も忠臣蔵物に欠かせないものとなりました。『碁盤太平記』では討ち入りのシーンも思いきってリアルに描かれています。

『碁盤太平記』とほぼ同時期に上演されたのは、近松が座付き作者を務めた竹本座に対抗する豊竹座の座付き作者、紀海音《きのかいおん》(19)が書いた『鬼鹿毛無佐志鐙《おにかげむさしあぶみ》』(20)という人形浄瑠璃でした。この作品では浅野内匠頭が小栗《おぐり》(21)判官になっていて、小栗判官は「説経節」などに登場する伝説上の人物ですが、ここでは「短気な人」とはっきり書かれ、刃傷に至る経緯も非常にリアルに描かれているのが特徴です。

大石内蔵助は大岸宮内《おおぎしくない》の名前で登場し、「淫酒の二字に身を染めて」というふうに京伏見撞木町《しゅもくまち》の遊郭で放蕩するシーンがあります。遊女の揚巻《あげまき》を身請けして殺そうとするストーリーもあって、これが『忠臣蔵』七段目につながるわけです。

『鬼鹿毛無佐志鐙』は人形浄瑠璃以前に同じタイトルの歌舞伎が上演されているので、恐らく歌舞伎を浄瑠璃化した作品だろうといわれていますが、歌舞伎のほうは台本が残っていないので詳しい内容はわかりません。考えてみれば『仮名手本忠臣蔵』が後世まで残ったのも、人形浄瑠璃で初演された点がまずいちばんの理由でしょう。浄瑠璃が正本《しょうほん》という出版物になるのに対して、歌舞伎の台本は写本にしかならず、役者たちは自分のセリフの書き抜きしか持たないので後世に残りにくいのです。また歌舞伎の台本は一座の役者の個性にハメて書かれるから、その一座でなければ成り立たず、そういう意味でドラマとしての普遍性を欠くことになります。『忠臣蔵』に限らず古典的なレパートリーとして今日に残った多くの歌舞伎作品が人形浄瑠璃発であるのは、そうした理由にもよるのです。

ちなみに『仮名手本忠臣蔵』の作者の一人並木千柳《せんりゅう》[22]も、『忠臣蔵』以前に『忠臣金《ちゅうしんこがねの》短冊《たんざく》』[23]という作品で同事件を扱い、七段目と九段目を合体させたようなストーリーを書いたほか、初めて早野勘平の人物名を登場させます。ここでの勘平は大岸（大石）の本心を探ろうとして殺される展開になります。

等身大のドラマが共感を呼ぶ

こうして先行の作品を並べてみると、『仮名手本忠臣蔵』のストーリーが当時としてはいかにオリジナリティの乏しいものだったかも浮かび上がってくるでしょう。にもかかわらず、なぜこれが長く生き残ったのかといえば、上演された時代にも関係するように思われます。第三章で述べたように、これは「歌舞伎は無が如し」といわれた人形浄瑠璃の全盛期の作品で、近松のころとは比較にならないくらい人形浄瑠璃が多くの観客を集め、また歌舞伎がすぐにそれを取り入れた時代だったという点を挙げなくてはなりません。

とはいえ同時代にはほかにもいろいろと優れた作品があるのに、その中で『仮名手本忠臣蔵』が際立って観客に受けた理由について、案外すっきりした解答をしているのはかの十返舎一九《じっぺんしゃいっく》(24)でした。弥次喜多の「膝栗毛」シリーズの作者として名高い一九は、江戸で戯作者になる以前に大坂で人形浄瑠璃の作者を務めた経験があって、その道にも非常に通じていた人物なのです。

『忠臣蔵』の初演から約半世紀後に、彼は著書『忠臣蔵岡目《おかめ》評判』(25)の冒頭に、この作品はとにかく全体に文章が簡略で、一幕ごとに要点だけを書いて冗漫さを除き、観客が途中で飽きないようにするのを心がけているために、後世にも人気があって廃《すた》れないのだと記しました。現代だとこの指摘がぴんと来ないという人も多いでしょうが、近松の作品などと比べてみれば文章に雲泥の違いがあって、修飾語が少ないから、まず話がわかりやすいし、話運びのテンポも非常に速いのがわかります。物語がどんどん進行するために、観客は飽きるひまもないというのが一九の指摘で、これはほかの浄瑠璃と読み比べたり聴き比べたりすれば、今でもある程度納得ができるでしょう。

さらに私がほかの浄瑠璃と違う点をいくつか挙げるとすれば、一つにはあまりもって回ったストーリーではないということでしょうか。先行作の『碁盤太平記』や『忠臣金短冊』と比べても、極めて自然なストーリー展開になっていると感じられます。それと人形浄瑠璃の時代物に登場する悪人は、たとえば『菅原伝授手習鑑』の藤原時平のように、天下を狙ったり、お家の乗っ取りを企てるようないわば巨悪のケースが多く、その巨悪のために主人公たちが大変に苦労して悲しい目に遭うといった非日常的なストーリーが主流なのですが、『忠臣蔵』の高師直は好色でただ意地悪だというだけの、実にたわいもない、それだけにリアルな悪人として存在します。

また『義経千本桜』では船頭が「実は」平知盛だったり、鮨屋の居候が「実は」平維盛だったりするのですが、『忠臣蔵』にはその手の奇想天外な「実は」が全くありません。実際の事件を描いたという点では世話物の感じに近く、非常にリアルな等身大的ストーリーだからこそ同時代の多くの観客を惹きつけたのでしょう。

意地悪な上司からパワハラに遭ったら、今でもカッとなって思わず上司に暴力を振るう人もいるでしょうし、社内で重大な事件が起きたときに運悪く同僚の彼女とオフィスラブで席を外していて面目を失ったりする若手社員もいれば、可愛い娘がどうしても好きな相手と結婚したいといい張ったら、節を曲げて相手の一家に頭を下げる頑固親父だっていそうです。『忠臣蔵』はこうした現代のなぞらえ方さえできるほど等身大的なストーリーでもあるのです。

テーマはもちろんリベンジ

そしてすべての悲劇がほんの些細《ささい》な出来事やタイミングの悪さによって起きるという点も指摘できます。そもそも塩冶判官が師直から執拗《しつよう》な嫌がらせを受けたのは、直前に師直にとって不愉快な出来事があったからで、加古川本蔵もたまたまそこに居合わせたからこそ、刃傷の場でとっさに判官を抱き止めて仇討ちのきっかけを作るはめになったのです。中でも勘平の悲劇はハプニング性の強さにこそ妙なリアリティがあるような気もしないではありません。

勘平が死ぬ間際に名前だけでも仇討ちの参加が認められて満足するのはなぜかといえ

ば、それによって自分の最大の過ちを償《つぐな》えたと感じるからです。彼にとって最大の過ちとは鉄砲で間違って人を撃ったことではなく、主人が大変な事件を起こした時に家来としてその場に駆けつけられなかったことなのでした。家来として自分のあるべき姿をもう一度取り戻したいという切なる願いが勘平の行動を貫くテーマです。

加古川本蔵は、師直に賄賂を使ったり、塩冶判官を抱き止めたりと、自分がしなければよかったことが娘を悲しませる結果になったのを強く後悔し、自らの死によって過去を帳消しにしようとするのです。あるべき過去を取り戻そうとする姿は勘平と似ているかもしれません。

近年日本で流行した「リベンジ」というカタカナ語があります。これはもちろん英語のREVENGE＝「復讐」から来ていて、一九九〇年代にまずスポーツ興行界で「リベンジマッチ」というふうに使われ出しました。そこから用途がしだいに広がって「復讐」ほど激しくない、相手に「借りを返す」といった程度のニュアンスになり、さらには相手がいるいないに関係なく自分の過去の失敗を取り戻すといった意味に近い言葉として使われるようになっています。原語と著しくかけ離れて独自の進化を遂げた外来語の典型ですが、私はその進化の仕方がいかにも日本らしいと感じています。

『仮名手本忠臣蔵』のテーマはまさしくその「リベンジ」ではないでしょうか。高師直に対する塩冶浪人の復讐譚ではあるけれど、単に敵を殺すのが目的ではなく、本来あるべき秩序を回復し、それぞれが喪われた自己を回復しようとするところにこのドラマは成り立っていて、だからこそ多くの日本人の共感を呼んだのではなかろうかと思われるのです。

各場のここに注目

最後にストーリー紹介では触れられなかった各場のポイントを少しばかり補足しておきましょう。

「大序」と呼ばれるオープニングでは、まず開幕の前に「口上《こうじょう》人形」と呼ばれる人形が登場して配役を紹介します。幕が開くと舞台の役者たちは最初目をつぶって下を向いており、竹本[26]のナレーションに呼ばれてから「人形身」という独特のしぐさで徐々に顔を上げて芝居を始めます。これはこの作品が本来は人形浄瑠璃であったことを象徴するわけですが、こうした特殊な演出が見られるのは今や『忠臣蔵』だけです。

三段目の「殿中刃傷の場」は「喧嘩場」とも呼ばれて、塩冶判官が師直からイジメともいうべき侮辱と執拗な嫌がらせを受けて、それにじっと耐えるところが現代の観客にもよく受けています。「女忠臣蔵」ともいわれる『鏡山旧錦絵《かがみやまこきょうのにしきえ》』[27]でもお局《つぼね》様の岩藤《いわふじ》から中老の尾上《おのえ》がイジメに遭うシーンを見せ場にしていて、この種の見せ場に関しては次章でもまた触れることになりますが、日本人の嗜好《しこう》にかなった一種のパターンともいえそうです。

四段目の「判官切腹の場」は、武家における切腹の作法を丁寧に見せてドキュメンタリー風に仕上げた、これも歌舞伎では極めて珍しい場面でしょう。昔の芝居小屋は上演中でも通路に物売りが現われたし、観客も芝居の途中で出たり入ったりするのがふつうだったのですが、この場面では絶対にそれらを許さないことになっていたので「通さん場」と呼ばれるようになりました。「通さん場」という言葉は当時の流行語にもなっています。

観客はとにかく静謐《せいひつ》な雰囲気の中で長時間の緊張を強いられるため、判官が腹に刀を突き立てた途端、ようやく大星由良之助がバタバタと慌ただしく花道に現われるのを見て、「待ちかねたわやい」と判官と同じセリフを叫びたくなるかもしれません。主人公の登場の仕方としてはこれ以上のものがないと思えるくらいドラマチックにできています。『忠臣蔵岡目評判』でもその点に言及して、由良之助の登場に作者が工夫を凝らしたことに観客は意外と気づかないけれど、これは非常に優れた点だとはっきり指摘しています[28]。

五段目「二ツ玉の場」に登場する斧定九郎の役は、もともと山賊のような扮装で演じていたのが、初代中村仲蔵《なかぞう》[29]という役者によって今日に見られるような扮装にがらっと変わった話は一般によく知られていて、落語にもなったほどです。仲蔵はほかにもいろいろとリアルな演技や衣裳の工夫をした役者で、定九郎をいかにも当時の江戸の町にいそうな浪人風の衣裳で演じたアイデアで非常に人気が高まったとされ、定九郎の役も単なる端役ではなくなりました。

もっとも現行の舞台だと、定九郎は与市兵衛の背後にある稲叢《いなむら》に潜んでいて、そこからぐっと刀を突き刺しながら登場しますが、これは仲蔵が創《はじ》めたものではなく、たぶん与市兵衛と定九郎を早替わりで演じたときに始まった演出だと思われます。ちなみに

初代中村仲蔵の斧定九郎（勝川春章筆）

『忠臣蔵』はなにせ「独参湯」なので、一座に主役クラスの役者が不足したいわゆる「無人《ぶじん》の芝居」で上演されて、一人の役者が何役も早替わりで演じるのを売り物にした興行も古くからよく見られたのです。

六段目の「勘平切腹の場」は、『古今いろは評林』を読むと、塩冶判官の切腹とも重なるし、陰惨で気が滅入《めい》る場面だとして、五、六段目を丸ごと抜いて上演したケースも載せられています。『忠臣蔵』にとって勘平が絶対に欠かせない主役中の主役となったのは、三代目尾上菊五郎《おのえきくごろう》の功績が大きいといってもよいでしょう。以来、水際だった美男子のイメージが定着し、三代目の孫の五代目、(30)曾孫の六代目がさらにいろいろと工夫を凝らして今日にポピュラーな東京型の演出を定着させました。全体として暗いシーンの中で勘平の姿を少しでも華やかに美しく見せるのがその演出のポイントです。

勘平は腹を切ってから「いかなればこそ勘平は……」と長いセリフで心境を告白しますが、これは原作の浄瑠璃にはなく、歌舞伎の台本に挿入されたいわゆる「入事《いれごと》」です。その中にある、大変な事態になっているとも知らず暢気《のんき》にお軽と性的な関係を持っていたと後悔する「色に耽《ふけ》ったばっかりに」というセリフで、勘平が血のついた手で自らを叩いて頰にべったりと血をつけるのも菊五郎の型とされ、凄惨《せいさん》なグロテスク美を印象づけて、爛熟頽廃《らんじゅくたいはい》した江戸後期の世相を窺わせるものです（口絵「仮名手本忠臣蔵」参照）。

片やお軽のほうは七段目「一力茶屋の場」で、父親と夫勘平二人の死を知らされて、

「勿体《もったい》ないが父様《ととさん》は非業の死でもお年の上。勘平さんは三十になるやならずに死ぬるのはさぞ悲しかろ口惜《くちお》しかろ、逢《あ》いたかったであろふのに……」と実に大胆な本音を洩《も》らすのがまるでドライな現代っ娘《こ》のように感じられます。ただしこの部分は全部を役者のセリフで聞かせずに、竹本の旋律的な語りをＢＧＭにして舞踊的に表現する「クドキ」という演出で処理されます。「クドキ」については第八章でもう一度詳しく触れることになるでしょう。

この場に登場する大星由良之助は、初代澤村宗十郎《そうじゅうろう》(31)が『大矢数四十七本《おおやかずしじゅうしちほん》』(32)という芝居で見せた演技を人形浄瑠璃が逆輸入したものだとされており、作品全体の中で最も歌舞伎らしい雰囲気が漂うシーンです。実在の大石内蔵助も色里でよく遊んだことがあったらしく、完全な作り事ではなさそうですが、敵の目を欺くために遊里で放蕩するシチュエーションはいかにも歌舞伎向きです。本心を押し隠して、他人からどう見られようとも時が来るまではじっと耐えて馬鹿なふりをしているという人物設定がまたいかにも日本人好みといえます。

由良之助は一貫して仇討ちをするという本心をどんなふうに見せるかがポイントとなる役で、四段目「城明け渡しの場」では若い侍たちを鎮めて独りあとに残ったところで、主君の短刀を取りだして沈黙のうちに秘めた決意を見せます。「一力茶屋の場」では本心を明かすと同時に敵方に寝返った斧九太夫を引きずりだし、それまでじっと耐えに耐えた怒りを爆発させることによって、彼とともに観客も溜飲《りゅういん》の下がる思いがするはずです。

八段目「道行旅路の嫁入り」は、戸無瀬と小浪の母子が東海道を下る様子を舞踊的に表現するのですが、母と娘二人だけだとどうしても地味になってしまうので、奴《やっこ》や伊勢の御蔭《おかげ》参り(33)する旅人などを登場させて少しでも賑やかな舞台になるようにした演出が見られます。

また江戸の歌舞伎では「旅路の嫁入り」に対抗して「道行旅路の花聟《はなむこ》」と題するお軽と勘平の道行が新たに創作され、「落人《おちゅうど》」とも呼ばれるこちらのほうを上演するケースが多くなりました。これは原作浄瑠璃の三段目「裏門の場」で自害しようとする勘平をお軽が止めて実家に連れ帰ろうとするシーンをもとにしていますが、場所は東海道の戸塚山中に設定されており、雄大な富士山を望む春爛漫の風景をバックにして美男と美女が愛を語らう実に華やかな舞踊です。四段目の深刻なシーンのあとにこれが上演されると、観客はほっとした気分になります。

九段目「山科閑居の場」で中心となる加古川本蔵は、封建時代において物議をかもす人物像でもあったようです。『忠臣蔵岡目評判』は、彼が娘のために死んだことに対して「私《わたくし》の愛におぼれて、一命《いのち》を失ふ誠に愚者なり」といった意見があったことを伝えています。しかしながらそれに対して、「子ゆゑによつて命をうしなふ、武門にとりては道にあらず、此場《このば》にとりては、真実なり」と反論した近松半二《はんじ》(34)のような人がいたことをもしっかりと伝えているのです。

近松半二は十返舎一九の師匠筋に当たる有名な浄瑠璃作者で、『本朝廿四孝《ほんちょうにじゅうしこう》』(35)や『妹背山婦女庭訓《いもせやまおんなていきん》』(36)など歌舞伎でもよく上演される作品をたくさん書いた人です。この発言は封建体制下の忠君思想に支配された中で、当時の芝居の作者がいかにそれに対抗して、いわばヒューマニズムを重んじたかがよく窺えます。

「忠臣蔵」といえば近代以降の忠臣愛国的なイメージで受け取られがちなのですが、『仮名手本忠臣蔵』はそうした色合いが決して濃くはありません。登場するのは本蔵にしろ、勘平にしろ、人間としての自然な情に流される人びとが多く、事件のために家庭が破壊されて苦しんだ多くの人たちのドラマといってもよいのです。

いわゆる「忠臣蔵」と歌舞伎の『仮名手本忠臣蔵』のイメージギャップは相当に大きいことを改めて指摘して、本章の結びとします。

第六章

任俠の原点——『夏祭浪花鑑』

人形が初めて「肉体」を表現

人形浄瑠璃を取り入れた歌舞伎作品はいくらもありますが、逆に歌舞伎のほうが人形浄瑠璃に影響を与えて、人形劇が「人間」を取り込んでしまったケースもあって、その代表作が『忠臣蔵』などの三大名作と同時期に誕生した、延享二年(一七四五)大坂竹本座初演の『夏祭浪花鑑《なつまつりなにわかがみ》』です。

『儀多百鼠眉《ぎだももひき》』(1)という人形浄瑠璃の評判記の中には、人形に「帷子《かたびら》」の衣裳を着せ始めたのがこの『夏祭浪花鑑』だとあります。帷子とは夏に着る単衣物《ひとえもの》のことで、浴衣《ゆかた》はもともと湯帷子《ゆかたびら》を略した言葉でした。

人形に帷子を着せたことに、なぜそんな重要な意味があるかといえば、それまで人形浄瑠璃の人形は、衣裳の上に首がついたもので、胴体はなかったからです。ところが単衣の衣裳では、人形に胴体を作る必要が出てきた。劇中で裸体を見せる場面もあるため、胴体を作り、その上に衣裳を着せた初めての人形芝居だったというわけです。つまり、人間の生身の肉体を、人形で表現しようとした最初の作品で、これはむろん明らかに人形浄瑠璃が歌舞伎を逆輸入して起こった現象です。

実は『夏祭浪花鑑』は、本来人間がやっていた芝居を人形が真似《まね》て、それをもう一度人間に戻す形で生まれた作品ともいえます。主人公は団七九郎兵衛《だんしちくろべえ》で、さらに一寸徳兵《いっすんとくべ》衛《え》(2)、釣船三婦《つりふねのさぶ》という仲間が出てきますが、この三人のキャラクターが最初に登場したのは元禄時代の歌舞伎だったのです。

元禄時代に「宿無し団七」というピカレスクな主人公が出てくる歌舞伎の芝居がありました。団七を演じたのは、当時悪役を非常に得意とした初代片岡仁左衛門《にざえもん》(3)という役者で、「宿無し団七」のキャラクターは、どうやら実在のモデルがあった人物のようです。なぜかといえば、その芝居は第三章でも少し触れた「世話狂言」だったからです。

元禄時代の上方の歌舞伎では、メインレパートリーのあとに、おまけのような形で「切狂言《きりきょうげん》」と呼ばれる芝居を上演しており、これが世話狂言のルーツでした。殺人事件や心中事件など三面記事的な事件が起きると、それを即ワイドショー風に芝居に仕組んで、切狂言として見せたのです。たとえば初期のころには『生瀬川《なまぜがわ》の尼殺し』(4)といった芝居も知られています。宿無し団七が最初に登場したのは、そうした切狂言だったところから、実在の人物らしいと推測されるのです。

大坂には、人別帳《にんべつちょう》（住民票台帳のようなもの）に記載のない宿無し＝不定住の労働者が非常に多かったこともあって、「宿無し団七」というキャラクター名は長らく人びとの記憶に留まりました。

任侠スターの登場

いっぽう、上方歌舞伎の中で「俠客物《きようかくもの》」というジャンルが大流行した時代がありま す。それが享保期、つまり八代将軍吉宗の時代です。吉宗というと、今ではテレビの時代劇などで理想の将軍のように描かれることが多いのですが、実際の享保期は法規制が厳しくなる中で、町人の生活がしだいに抑圧されていった時代でもありました。

封建体制の巻き返しが図られて、商業経済の発達に歯止めがかかった息苦しい状況の中で、第三章で書いたようにまず時代物が流行します。それと併せてもう一つ流行ったのが「俠客物」でした。のちに講談や浪曲、映画などさまざまな芸能に広がってゆく俠客物というジャンルが、この時代に初めて現われるのです。

初期のころは俠客物というタームではなく、「時代事」や「世話事」と並んで「男がかりの事」と呼ばれたり、あるいは「男だて」という言葉が用いられました。「男がかり」とは男っぽいもの、「男だて」は文字通り男を立てるという意味で、伊達《だて》という言葉と合体して「男伊達」とも書かれるようになります。

初期のころにこうした芝居で人気を博した役者が初代姉川新四郎《あねかわしんしろう》(5)で、彼は「黒船忠右衛門《くろふねちゆうえもん》」という役によって一躍スターダムにのしあがります。

「黒船」にはモデルがありました。大坂に実在した根津四郎右衛門《ねづしろえもん》、「堂島の親仁《おやじ》」と呼ばれていた人物です。米相場の盛んな大坂で、米の仲買人の頭《かしら》を「堂島の親仁」と呼び、親仁の中の親仁とされた根津四郎右衛門は当時、次のようなエピソードで世間に知られていました。

豪商が多かった大坂でも、鴻池《こうのいけ》と並んで指折りの大商家、加島屋《かじまや》の丁稚《でっち》が、米切手をある男に強奪されるという事件が起こります。米切手とは蔵屋敷が発行する米の引換券で、つまり商品小切手のようなものです。このとき加島屋に頼まれて、それを取り返す交渉にあたったのが根津四郎右衛門でした。その手の交渉事を「達引《たてひき》」と呼んで、四郎右衛門は達引ができる親分として、当時の人びとの間で話題となりました。

米切手取り返しの一件を芝居に仕組んだのが姉川新四郎で、根津四郎右衛門は黒船忠右衛門という役名になり、以降、彼は「黒船」の芝居を何度も何度も上演するようになります。

姉川新四郎という役者について、当時の「評判記」(6)には、裃《かみしも》の役がよくないというふうに書かれていて、つまり武士の役は似合わないけれど、俠客のような役では非常によかったらしいのです。現代でいうなら高倉健《たかくらけん》のような役者だったのではないか、と私はひそかに想像していました。健さんが「忠臣蔵」の大石内蔵助を演じた市川崑《いちかわこん》監督の映画『四十七人の刺客』(7)を見たときに、この俳優は武士の格好がこれほど似合わないのかと妙に感心していました。吉良上野介を刺し殺すシーンで、東映の任俠映画でおなじみの「死んでもらいます」のセリフがかぶって見えてしまったのです。おそらく姉川新四郎も、そういうタイプの役者だったのではないでしょうか。

「黒船」の芝居にはストーリーのパターンがあって、それはどんなものだったかというと、彼が一度は達引で成功しても、必ず敵方のリベンジに遭い、さんざん侮辱されて、顔を傷つけられたりします。たいがい彼は自分がガードしている人物のためにそれをぐっと耐え忍ぶのですが、最後でもう我慢できずに、バサッと相手を斬り殺してしまうという展開。設定は少しずつ違ってもこのパターンは必ず同じ芝居が何度も上演を繰り返していたのでした。

姉川新四郎の芝居は「下の見物衆」に受けたと「評判記」(8)に書かれています。高い桟《さ》敷《じき》席に座っている観客よりも、料金の安い平土間《ひらどま》席に陣取っているような客層に受けた。つまり不況で町人が抑圧されていた時代には、こうした役者が人気を得てきたわけです。

一世を風靡した姉川新四郎は、その後だんだん飽きられて、何をやっても同じだと酷評されるようになりますが、彼が全盛期に演じた「黒船」は、後世のいわゆる任俠映画の原点だったように私には思われます。

リアリティを重ねて見せる

こうして歌舞伎でさまざまなイメージやパターンの積み重ねがあった上で、『夏祭浪花鑑』という作品が人形劇として誕生しました。したがって、この作品はあくまで歌舞伎から人形浄瑠璃への逆輸入バージョンといえます。

もともと人形浄瑠璃は時代物が基本です。世話物も以前からあるにはあったのですが、それは決してメインレパートリーではありませんでした。もっとも近松門左衛門は一時期、『曾根崎心中《そねざきしんじゅう》』(9)をはじめとする「心中物」で世話物をグレードアップしてヒットさせます。ところがそれが社会に悪影響を与えるという理由で、享保七年（一七二二）、八年と続いて禁止になり、以降しばらく世話物の上演は難しくなりました。そうした状況の中で、人形浄瑠璃はこの侠客物に活路を見いだして世話物の復活を遂げます。

世話物として当然のことながら、『夏祭浪花鑑』にはモデルになった事件がありました。初演の半年ほど前に大坂の長町裏《ながまちうら》で起こったとされる魚屋の殺人事件。どうやらそれで主人公の商売が魚屋になったようです。

ここで『夏祭』のストーリーを簡単に紹介しましょう。ある武士に恩義を感じて、その息子磯之丞《いそのじょう》と、恋人である遊女琴浦《ことうら》の面倒を見るようになった魚屋の団七。彼は琴浦に横恋慕する男から、二人の身を匿います。団七を助けるのは、一寸徳兵衛、釣船三婦というい ずれも男気のある仲間。しかし金銭欲のかたまりのような舅義平次《ぎへいじ》は金に転んで敵方につき、琴浦を騙《だま》して連れ去ります。舅を追っかけた団七は、金を与えるふりを

殺し場の団七（二代目中村吉右衛門）と義平次（五代目中村歌六）。十三種の見得を決めながら、泥にまみれた義平次の息の根を次第に止めていく
（平成十八年五月、新橋演舞場／写真提供：松竹株式会社）

して琴浦を取り返すことに成功しますが、その嘘がばれて、思わず舅を殺してしまうというお話です。

団七はもとは無頼漢であっても、根っからの悪人ではなく、男伊達に憧れて、男の名誉を重んじ、義俠心を貫こうとする人物として描かれています。

この芝居のクライマックスは、嘘がばれたあと団七が舅にさんざん侮辱され、我慢に我慢を重ねたあげく、ついに殺人を犯してしまうシーンです。舅殺しはいわば尊属殺人で、当時は他人を殺すよりもはるかに過酷な凄《すさ》まじい刑罰が待ち受けているにもかかわらず、団七が舅を斬り殺すはめになるシチュエーションが丹念に描かれています。

罪を犯すまいと我慢に我慢を重ねているシーンには、祭礼のお囃子《はやし》が実に効果的なBGMとして流され、蒸し暑い夏の大坂に、人がキレやすくなっているという雰囲気も巧《うま》く出ていて、非常にリアリティを感じさせる演出になっています。殺し場では半裸になった団七の刺青《いれずみ》が強調されて、まさに錦絵そのもののビジュアルが堪能《たんのう》できる舞台でもあります。

泥だらけの殺人シーン

団七と舅が泥池に落ちて争うシーンもなかなかの迫力ですが、こうした「泥船《どろぶね》」(10)と呼ばれる本物の泥を入れた箱や本物の砂を舞台に敷くことは、十八世紀半ばの歌舞伎によ

◆歌舞伎の意匠◆

【本水】ほんみず

豊原国周筆『夏祭浪花鑑』「長町裏の場」

団七が舅を殺したあと、体に付いた泥や返り血を井戸から汲み上げた水で洗い流す場面では、本物の水「本水」が使われる。夏の季節感を出すと同時に、冷房のなかった当時の芝居小屋の観客に、涼しさを感じてもらうための演出でもある。

くありました。

当時はむろん今のようなコンクリートの劇場ではなく、土間のある木造建築ですから、舞台の床は簡単に切れるし、穴も掘れる。そこを砂場にしたり、泥船にするのもわけがありません。この辺の感じは、一九六〇年代から流行りだした、いわゆる「アングラ」のテント劇場を思い浮かべてもらうといいかもしれません。野外に近い空間だと、簡単に池も掘れるし、泥も入れられるということです。

舞台で本物の水を使う「本水《ほんみず》」(11)という演出も、歌舞伎では非常に早くから行なわれています。すでに元禄時代から、夏になると「水からくり」(12)を取り入れた芝居を見せていた。つまり今でいうマジックイリュージョンに近い見世物的要素を含んだ、一大エンターテイメントだったわけです。

だから舞台装置の工夫にも非常に力を入れた。動力機械でなんでも簡単にできてしまう時代ではなかったにもかかわらず、舞台装置にここまで力を入れた演劇は、世界でも珍しいのではないかと思われるのですが、この点について詳しくは次章に譲ります。

「恥の文化」と「我慢の美学」

ところで人がさんざん我慢したあげくに最後はプツンとキレるというシチュエーションが、歌舞伎によく見られることは前章でも触れましたが、侠客物は特にこの手がパターン化されていて、『夏祭』では団七が舅に雪駄《せった》で額を叩かれるシーンがあります。

草履や下駄《げた》などの履物で顔を打たれて辱めを受けるというシチュエーションはすでに元禄時代からありました。第一章で取りあげた『参会名護屋』という芝居は、二幕目で「暫」のヒーローとして登場した團十郎が、三幕目で「草履打ち」の辱めを受けて自害するというストーリーになっています。

人前で恥をかかされた主人公が、そのことを恨みに感じて殺人を犯してしまう芝居として思い浮かぶのは『伊勢音頭恋寝刃《いせおんどこいのねたば》』[13]で、これもやはり伊勢の古市《ふるいち》遊郭で実際に起きた大量殺人事件をモデルにしています。

人に恥をかかされることが、主人公の決定的な行為につながるシチュエーションを歌舞伎が豊富に有していることは、ルース・ベネディクトが指摘した、まさに「恥の文化[14]」を想い起こさせます。

いっぽうで我慢するシーンが受けたことには、いろいろな意味で抑圧されている時代背景があって、我慢を強いられている者がキレる瞬間に、人びとが強く共感できたのだろうと思われるのです。

健さんのヤクザ映画が流行ったのは、六〇年代から七〇年代にかけてのことで、それは日米安保反対の学生運動を繰り広げた若者たちの間でも熱く支持されて、一大ブームを巻き起こしました。当時は高度経済成長の下、組織が巨大になり体制が強化されていく中で、だれもがどこかに属していなければいけない空気が広まり、そのためには我慢も余儀なくされる気分が強まっていたということなのでしょうか。

享保期には、何代目○○屋○○右衛門といった具合に、商家の襲名がぐっと増えてきます(15)。それは相続をする際の届け出に、同じ名前のほうが便利だという理由もあったようで、そうした法整備がもたらす保守的な体制の強化が人間を抑圧してゆく時代の空気の中で、侠客のようなヒーローが人気を呼んだのかもしれません。

我慢を重ね、最後はキレて攻撃に出る、という歌舞伎の侠客物のドラマパターンはその後も連綿と受け継がれ、数世紀を経て任侠映画の形でスクリーン上に開花したようにも思われます。健さんは、我慢して我慢して、最後は「死んでもらいます」というために出かけてゆく。観客はそこで傘をさした健さんの後ろ姿にシビレるわけです。任侠は「我慢の美学」であるとみた時に、その原点の一つとして『夏祭浪花鑑』が挙げられるのでした。

意地を貫く男に、女は

さて、『夏祭浪花鑑』に話を戻して、団七が舅を殺したあとどうなったかというと、履いていた雪駄の片方を現場に落としていたために、逮捕は時間の問題。そこで仲間の一寸徳兵衛と釣船三婦は、尊属殺人による鋸引《のこぎりび》きという酷刑だけは免れさせるために、団七夫婦を離縁させようとしてひと芝居を打ち、徳兵衛と妻が不倫を装う形で離縁が成立します。団七の場合は万やむを得ざる事情とはいえ、こうした夫婦別れのシーンも俠客物にはよく見られるパターンで、妻子に迷惑をかけないために、真意を偽ってわざと離別するシチュエーションが多かったのは、江戸時代の連座制の反映ともいえます。

江戸には有名な俠客、幡随院長兵衛《ばんずいいんちょうべえ》の登場する芝居が昔からありましたが、現在よく上演される『極付《きわめつき》幡随長兵衛』[16]にも、敵陣に乗り込む前に妻子と別れるシーンが印象深く盛り込まれています。女子どもへの未練を断ち切って、男の意地を立て通すために死地へ赴くのが俠客物の身上ともいえそうです。

日本は今日にもホモソーシャル[17]が色濃い文化風土を指摘できる中で、俠客物はその典型かもしれません。『夏祭』では一寸徳兵衛の妻お辰《たつ》が自らの美貌にわざと傷をつけて、男たちのホモソーシャルにあたかも一矢を報いるようなシーンがあるのも付け加えておきましょう。

もう一つ付け加えておきたいのは、第二章に書いた「困り者ヒーロー」のようなキャラクターが、『夏祭』では磯之丞という脇役になっていることです。彼らが主人公として活躍するのは元禄の時代で、それ以降は役柄として残っても、もはや主役のヒーロー扱いはされません。

同じ昭和でも戦前と戦後では内実が全く違うように、江戸時代三百年は決してひとくくりにできず、時代につれてヒーロー像がどんどん変化していきます。その流れを感じとることができるのも、歌舞伎の成立を知る面白さの一つだと思うのです。

第七章
道具によるモンタージュ
――『楼門五三桐〈山門〉』

上方で謀叛人劇が流行

古典芸能として見るようになると、つい忘れがちですが、歌舞伎は本来、毎興行新作の上演が基本でした。役者の座組みに合わせてそのつど新作を書き下ろしていたわけです。これまで見てきたように、前代の芸能や同時代の流行を巧く取り込みながら発展してきたのが歌舞伎であり、新作の創造力が乏しくなった時期には、人形浄瑠璃の戯曲をそっくり拝借してなんとか乗り切りましたが、優れた作者が出現すると、そこからまたいっきにぱあっと花開きます。

前章で取りあげた俠客物の流行のあと、一七四〇年代ぐらいになると、上方では「謀《む》叛人劇《ほんにん》」とでも呼べそうなピカレスク・ロマンがポツポツ現われだして、その萌芽は『夏祭浪花鑑』が初演された少し前あたりに見られます。登場した時点ではただの無頼漢といった感じの人物が、実は現体制によって滅ぼされた有名な武将の子どもだったというような出自が判明し、それがきっかけで自らも謀叛人になって現体制を覆そうとする、というパターンの芝居でした。

その初期の一例が、『三好長慶廓総角《みよしちようけいさとのあげまき》』(1)という作品。序幕ではただの陽気でコミカルな強盗コンビに見えていた男たちが、実は三好長慶《ながよし》と松永弾正《だんじよう》久秀だったことがわかるというストーリーで、ほかにも明智光秀や赤松満祐《みつすけ》(2)など、日本史上で逆賊扱いされていたさまざまな武将の子孫の活躍するドラマが次々と上演されるようになります。

　それらの芝居では、主人公が実はこういう人物だったとわかると、相手方も実はこうだったというふうに「実は」の応酬になっていきます。お互いの騙し合いもあって、事態がどう転ぶかわからないし、観客からすれば、どちらが善人でどちらが悪人かもわからなくなるほど混乱する複雑なストーリーが非常に流行りました。

　ただの無頼漢が実は有名な武人の遺児だったとわかる設定は、いわば「やつし事」の正反対で、こうした謀叛人劇が上方の歌舞伎に「実は」の設定を氾濫させます。片や江戸の歌舞伎ではまた少し違った「実は」の氾濫があるのですが、それについては第九章でもう一度きっちり触れようと思います。

　ところで謀叛人が活躍する複雑なストーリー展開の歌舞伎が流行した背景には、それを書く才気あふれた作者の存在がありました。この章で取りあげる『山門《さんもん》』(3)の作者、並木五瓶(4)もその優れた作者の一人ですが、それより前にまず彼の師匠である並木正三《しょうざ》(5)という作者がこうした作品をたくさん書いて、専売特許のようにしていたのでした。

　日本の中で「天才」と呼べる人物は意外に少ないように思う私ですが、もしだれか挙げろといわれたら、この人を真っ先に挙げたい気がします。人形浄瑠璃全盛の時代に、並木正三という一個の天才が現れたことで、歌舞伎にはまた新たな生命が吹き込まれ

◆五三桐◆

ました。

本章では『山門』がもともとどんなストーリーだったかという話にからめて、その作者並木五瓶のことよりも、むしろ彼の師匠にあたる一人の天才クリエイターを紹介することになるのかもしれません。

めくるめくミステリー&コンゲーム

まず、「絶景かな絶景かな」という石川五右衛門《ごえもん》(6)のセリフがよく知られる現在の『山門』の舞台を見ておきましょう。上演時間にすればほんの十五分ほどですが、春爛漫の風景をバックに、極彩色の山門が舞台いっぱいに大ぜりでせり上がってくるところは実に壮観で、歌舞伎という演劇の華やかさをアピールする演目になっています。

現在ではストーリーよりも、五右衛門を演じる役者のいわゆる様式美的な演技や豪華な装置を楽しむ感じで見られがちですが、しかしながらこの『山門』は、非常に長い芝居(7)のワンシーンにすぎません。本来はとてもスケールの大きな、ミステリー&コンゲームといった感じの物語が展開される作品です。そして全体の中で、この場面はとても深

◆大ぜり◆

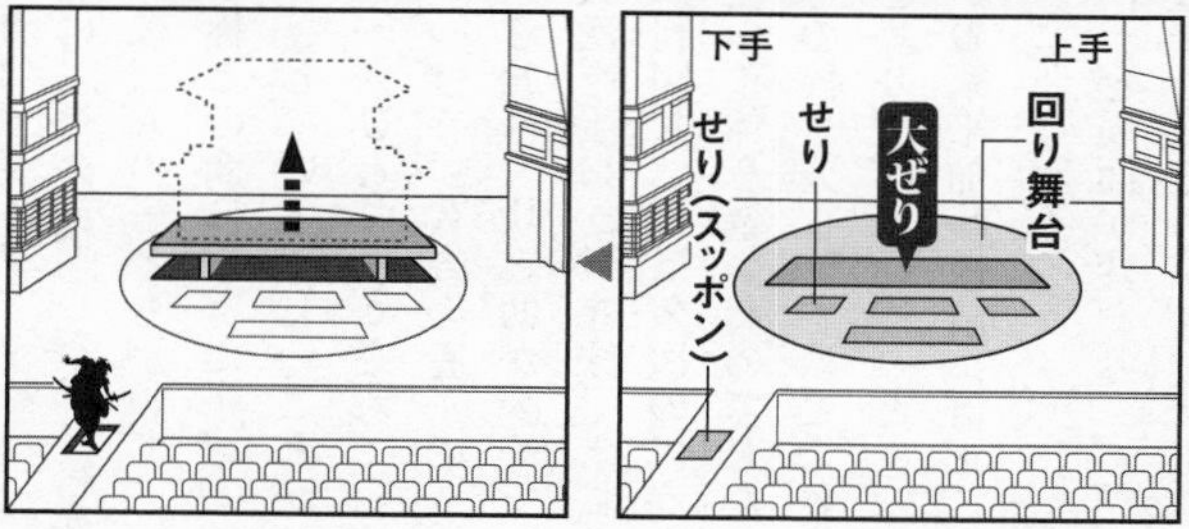

い意味を持つ重要な局面でもあるのですが、『山門』だけを見ると、それが全くわからないので、ひと通りストーリー全体を紹介しましょう。

タイトルが『楼門《さんもん》五三桐《ごさんのきり》』（初演名は『金門《きんもん》五三桐』）で、「五三桐」というのは豊臣秀吉の紋であることからもわかるように、『太閤記』を背景にしているお話です。徳川時代ですから秀吉のことをストレートには書けないため、歌舞伎では秀吉がたいてい真柴（＝羽柴）久吉という名で登場し、同様に織田信長は小田春永、明智光秀は竹地（武智）光秀、「殺生《せっしょう》関白」[8]と呼ばれた秀次は久次という具合です。

大坂は秀吉が造った都市であるため、大坂で創作された芝居は彼のことを扱ったものが多いのですが、この作品は、秀吉が明《みん》の征服を企てて朝鮮を侵略した文禄《ぶんろく》・慶《けい》長《ちょう》の役《えき》の後日譚として実に大胆なストーリーが描かれています。

発端は、難破して玄界灘《げんかいなだ》の孤島に辿り着いた久吉（秀吉）配下の武将たちが、そこで石碑を発見すること。その石碑には「江南に一株の枳《からたち》、江北に二株の橘《たちばな》」云々《うんぬん》と書かれ、明の宋蘇卿《そうそけい》という署名がありました。そこから宋蘇卿には三人の子どもがいて、一人は本土明国で生まれた子、二人は彼が日本に来て日本人女性との間にできた子で、その三人が朝鮮出兵に対する復讐として、日本の転覆を謀ろうとしているらしいことがわかります。この三人の子どもは一体だれなのかという謎が、一人ひとり明かされていくミステリー的な展開でストーリーは進行します。

いっぽう、久吉の養子の久次（秀次）は、悪逆非道な行ないが日々募り、忠実な家臣である此村大炊之助《このむらおおいのすけ》が諫めても全く素行が修まらないので、ついに堪りかねた大炊之助は久次を手にかけます。ところが、その大炊之助という人物こそが明の宋蘇卿であることが判明し、実は久次のほうもそれを悟った上で、わざと悪行を重ね、自らの死によって彼の正体を暴いたのでした。

その後も久吉チームと宋蘇卿チームが、ありとあらゆる手を使って知恵比べや騙し合いを繰り広げていくことになります。宋蘇卿の家来の顔をしていた人物が実は久吉（秀吉）の家来加藤政清（清正）だったとか、「実は」、「実は」の応酬で、見ている観客は「えっそうなの、ええっ！　ウッソー」と叫びたくなるほど、敵味方が入り乱れ、次から次へと局面が変わり、パワーバランスがこっちに傾いたり、あっちに傾いたりして、いわばめくるめくコンゲーム的展開に圧倒されてしまうのです。

追い詰められた大炊之助は宋蘇卿の正体を現わすと、それまでの袈裟から唐人の衣裳に変身します。そして死の直前に、同盟を結んでいた盗賊の石川五右衛門あてに「明国で生まれた自分の息子がすでに日本へ渡ってきているらしい。その息子にわが志を伝えて、日本に対する復讐をさせてくれ」との遺書をしたためます。その遺書は、徽宗《きそう》(9)皇帝の描いた名画の中からぱっと抜け出した白斑《しらふ》の鷹《たか》が持って飛んでゆき、それを見送った宋蘇卿は日本人を根絶やしにするという呪いの言葉を吐いて死んでゆきます。

運命の二人が〈山門〉で対面

さて、いよいよこれに続くのが〈山門〉の場面です。南禅寺《なんぜんじ》の山門の上で、石川五右衛門が「絶景かな絶景かな」と春の眺めを愛《め》でているところへ、鷹が遺書を運んでくるのです。それによって五右衛門は、宋蘇卿が復讐に失敗して死んだことを知ります。さらに遺書の続きを読むと、宋蘇卿は三人の子に蘭奢待《らんじやたい》(10)の香木を渡していたことがわかり、そこから自分こそが宋蘇卿の子だと悟るのでした。

この芝居の石川五右衛門は幼い子どものころに明国から渡ってきて、日本で竹地（明智）光秀の養子となり、竹地左馬五郎を名乗っていたという設定。つまり、彼にとって久吉という人物は、養父の仇(11)であり且《か》つ実父の仇でもあったことがこの場で判明するのです。久吉は二重の意味で親の仇であることを五右衛門が意識して、彼を絶対に討つ決意をした瞬間に、山門が徐々に上にあがって、下では巡礼が山門の柱に「石川や浜の真砂《まさご》は尽《つ》くるとも　世に盗人《ぬすびと》の種は尽きまじ」という歌を落書きしているシーンが現われます。五右衛門が怪しいやつと見てパッと手裏剣《しゆりけん》を打ち、それを柄杓《ひしやく》ではっしと受け止めた巡礼が「巡礼にご報謝」とひと言いう（口絵「楼門五三桐〈山門〉」参照）。ただそれだけで幕になりますが、この巡礼に化けていた人物こそが、当の久吉だったのです。

主人公の五右衛門が生涯の仇と狙い定めた相手の久吉と初めて対面するという〈山門〉は作品全体の中でも最高にドラマチックなシーンなのでした。それだけにここの久吉役を演じるのは非常に難しかったらしく、初演した初代尾上菊五郎(12)は「評判記」で酷評され(13)、五代目市川團蔵(14)の渋い演出がわりあい支持されたようです(15)。七代目團十郎などはまたかなり派手でアクティブな演出に戻しており(16)、その後もさまざまな名優たちの試行錯誤の末に、現在のように、ただ登場するだけでほとんど何もしないという形に納まったようです。

『楼門五三桐』という作品が面白いのは、その後二人が再会したときに、盗賊である五右衛門が、天下人の久吉（秀吉）に向かって「異国征伐じゃの、大仏供養(17)じゃのと金銀を費やし、民を苦しめ」というふうに、堂々と政道を非難するところでしょうか。小田春永（織田信長）の家来だったくせに、その天下を盗んだのはお前じゃないか、俺よりお前のほうがよっぽど大泥棒だ、というようなセリフもあります。

五右衛門の非難はある意味で筋が通っていて、謀叛人にもそれなりの理屈があります。謀叛人というものをただの悪人として描くのではなく、反体制の魅力的な存在として主人公に据えた芝居が十八世紀半ばから末にかけての上方に、続々と誕生したのです。『楼門五三桐』を書いた並木五瓶は、上方で数々のヒット作を書いたのちに江戸に移り住んで、江戸の歌舞伎を合理的に改革した人でもありました。つまり上方と江戸の歌舞伎の橋渡しをした人物で、ちなみに、私は小説のデビュー作『東洲しゃらくさし』で彼を主人公にし、その後も『一の富《いちとみ》』などの〈並木拍子郎種取帳《なみきひょうしろうたねとりちょう》〉シリーズに登場させています。

可動式の装置でドラマが変わる

十八世紀半ばから流行した「謀叛人劇」ではストーリーが複雑でめくるめく展開になったばかりでなく、舞台装置の画期的な開発によって、ドラマ作りが根本的に変わった点も指摘しておかなければなりません。〈山門〉の場はまるで映画のモンタージュを見るようです。生涯の仇と思い定めたその人が、イメージとしてスクリーンに浮かび上がってくる、という感じに近い。つまり大道具＝舞台装置を動かすことでドラマが成り立っているのです。そうした大道具を開発してドラマ作りに非常に大きな影響を与えたのは、五瓶の師匠である並木正三でした。

◆並木正三が発案した画期的な舞台装置◆

【せり】

花道の付け根近くにある「スッポン」と呼ばれるせりを上げているところ。せりは宝暦三年(一七五三)に歌舞伎で初めて使われたといわれる。

【回り舞台】

独楽の回転をヒントに発案したとされる回り舞台。宝暦八年(一七五八)十二月、大坂角の芝居が最初。

『戯場訓蒙図彙』より

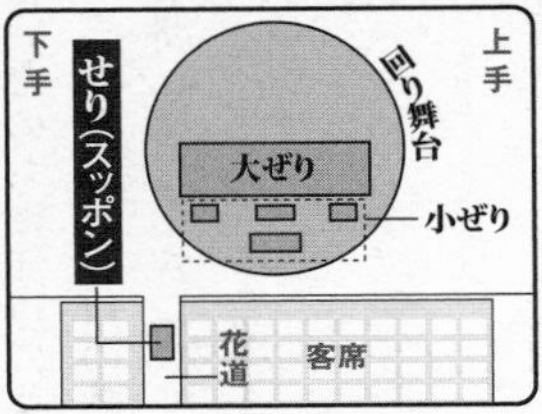

歌舞伎がたとえばシェイクスピア劇などと大きく違うのは、舞台装置のプリミティブな機械化が進んで、「せり」や「回り舞台」(18)などを多用していた点です。「せり」そのものは、歌舞伎ではかなり早い時代から使われていましたが、以前は一人の人間がせり上がるだけだったのを、並木正三は『けいせい天羽衣《あまのはごろも》』(19)という芝居で、二階に三人がいて階下に四人がいる場面を同時にせり上げて見せる、驚くべき大団円《フィナーレ》を作りあげました。つまり「せり」によってドラマチックなシーンが瞬時に交替する映画のモンタージュのようなことが可能になったのです。

並木正三の業績としてもう一つ挙げておかなくてはいけないのは、回り舞台の開発です。二重の四角い道具をスライドさせる「ぶん回し」と呼ばれる小規模のものは以前から使われていて、こちらは一七一〇年代、正徳・享保期の江戸の狂言作者・中村伝七が考案したようですが、正三はもっと大がかりな仕組で舞台全体を回す工夫に成功しました。これは世界でも画期的な発明だといわれています。

装置とストーリーの相乗効果

その大がかりな回り舞台を使った最初の作品は『三十石艠始《さんじつこくよふねのはじまり》』(20)という芝居で、座敷と淀川《よどがわ》の水車の場面を二つ同時にぐるぐる回して見せた。つまり映画のカットバックのようなシーン交替を可能にしたのです。

並木正三の肖像画（『並木正三一代噺』より）

可動式の装置を開発したのもさることながら、そもそも映画を見たこともない人が、それと同じようなシーンの切り替えのあるドラマを発想したという点が、私は何よりも素晴らしいと思っています。

場面ががらっとスピーディーに変わる中で、登場人物が次々に「実は」の正体を現わして驚かせてくれるわけですから、当時の観客はそれを文字通り、めくるめくような思いで見ていたに違いありません。

ついでに並木正三の作品をもう一つ紹介しましょう。タイトルは『桑名《くわな》屋《や》徳蔵《とくぞう》入船《いりふね》物《もの》語《がたり》』[21]。

吉原の遊女におぼれて、あと三日で国元の讃岐《さぬき》（香川県）に帰り着かないといけないにもかかわらず、まだ江戸に留まって遊んでいる、困り者の若殿がいます。その若殿が、深川の座敷で遊んでいるのだと思っていたら、それは実は船の中で、家来に騙されて、

並木正三の料理屋の二階座敷。左の釣瓶式の井戸に見立てた昇降機に料理が見えるところに注目（『並木正三一代噺』より）

船で国に連れ戻されている最中だったというシーンがあります。

自分がいるのは全長百二十間（約二百二十メートル）もある巨大な船の中だと知らされて、若殿が「えええっ！」と仰天すると、座敷のいろいろなものがバタバタと倒れ、舞台がぐるっと回ると船上の場面になり、若殿ばかりか騙されていた観客もびっくりすることになります。

可動式装置の発達は、その後の歌舞伎のドラマ作りに大きな影響を与えました。現在よく上演される演目の中で、回り舞台が非常に効果をあげているのは第九章で取りあげる『東海道四谷怪談』の、お岩《いわ》さんが苦しむ場面と、その夫の伊右衛門《いえもん》が別の若い女性と会っているシーンを交互に見せるところでしょうか。

たとえば能舞台のように装置がほとんどない場合は、役者が出てきて何か言葉を発することで場面が展開しますが、なまじリアルな装置があると、テンポ良く場面を変えることは困難になります。可動式装置はその問題を巧く解消して、ドラマの展開をスピードアップし、いきなりクライマックスシーンから始めるという大胆な展開も可能にしたのでした。

マルチな天才のユニークな家

並木正三は最初歌舞伎の作者でスタートしたあと、一時期人形浄瑠璃の作者に弟子入りして、その後もう一度歌舞伎を書くようになりました。浄瑠璃の影響を非常に強く受けていて、その上でそれよりもっと複雑な話を作ろうとした人です。もともと浄瑠璃は時代物が基本のために、歴史上の英雄が多く登場し、彼らを庶民の話に結びつけようとして「実は」という設定がよく使われていました。正三はそれをさらに複雑にして、「実は」の連続で次から次へと裏切っていく、観客と作者の騙し合い、すなわちミステリー&コンゲームの作風を打ち立てたのでした。

正三については十三回忌にあたる天明五年（一七八五）に出版された追悼録『並木正三一代噺《いちだいばなし》』に詳しいのですが、それによれば、幼いころから人形芝居のカラクリに親しんでいたおかげで「万力《まんりき》の仕掛け、真綱《まづな》の取りやう」といった機械工学にも長《た》けていたようです。そして作者と演出を手がけるほか、座本《ざもと》（興行主催者）を兼ねたこともあるまさにマルチな才人でした。頭に後光が射《さ》す死後の肖像画は、まるで天才のイメージを表わしているように見えてしまいます。

副業で料理屋を営んでいて、その絵を見ると、二階の座敷にもちゃんと庭があって、庭の一角には釣瓶《つるべ》式の井戸に仕立てた昇降機（エレベーター）が設けられ、下から料理を運んでいたらしいのです。また『三十石艠始』で回り舞台を作る際に、舞台の下の地面を掘り返し、そこから出た大量の土を使って、法善寺前《ほうぜんじまえ》や千日前《せんにちまえ》の坂を埋め立てるという土木工事までやってのけたようです。

ルネッサンス的万能の天才を思わせるこの人は、やはり天才らしく四十四歳という当時としても比較的若い年齢で亡くなります。正三とほぼ同時代に生きた人、二つ年上で、六年長生きした人が、かの有名なもう一人のマルチ才人平賀源内《ひらがげんない》でした。

今の私たちは、大ぜりや回り舞台を当たり前のように見ています。しかし、世界に先駆けて最初にそれを見た人たちの衝撃を思い浮かべてください。『山門』の舞台を見たら、日本人が新しいものを独自に生みだす豊かな才能を持っていた時代にも思いをめぐらせてほしいものです。

第八章

メルヘン舞踊の粋――『積恋雪関扉』

1　原点は舞踊中心のレビュー

歌舞伎の基本は「歌舞い」

この章では十八世紀後半に初演された『積恋雪関扉《つもるこいゆきのせきのと》』という演目をメインに取りあげるのですが、その前にまず歌舞伎の非常に重要な要素である舞踊というものについてひと通り述べておかなくてはなりません。現在上演されるレパートリーでも舞踊はかなりの比重を占めていながら、それの見方がよくわからないという意見をしばしば耳にするからです。

中国の伝統芸能である京劇は「唱念做打《チャンニエンツオダー》」という四つの大きな要素があって、「唱」は歌、「念」はセリフ、「做」はしぐさ、「打」は立ち回りを表わすのだとか。とすれば歌舞伎は文字通り「歌」と「舞」と「伎《わざ》」の三要素で成り立つ芸能と考えてもよさそうです。

もっとも歌舞伎は当て字であって、もとは「かぶく=傾く」という動詞を名詞にした言葉であったことはすでに広く知られています。江戸時代の初期に、異様なファッションや常軌を逸脱した言動で注目を集めた人びとが「かぶき者」と呼ばれ、歌舞伎は本来そうしたイメージを持たれた芸能でした。「かぶき者」はちょうど第二次世界大戦後に「アプレゲール（戦後派[1]）」と呼ばれた人たちにも似て、戦国時代の名残がまだ色濃かった時期に、エネルギーを持てあまして、しだいに固まっていく体制の秩序からはみだそうとした人びとであり、歌舞伎はそうした無頼の精神から生まれた芸能であったことも忘れてはなりません。

しかしながら「かぶき」に「歌舞伎」の字を当てはめたのは意外に早い時期で、「き」は「伎」でなく女偏の「妓」を用いることが多かったのですが、「歌」と「舞」は十七世紀初頭より現在に至るまで変わっていません。それはとてもよくできた当て字で、「歌」と「舞」がやはり最大の要素だと早くに認識されていたからでしょう。

そして「歌」と「舞」の二つの要素があるとするよりも、私は「歌舞い」と続けて書いたものが基本になる芸能だと考えたほうが理解しやすいように思うのですが、その理由は本章を読めばおのずと明らかになるはずです。

「舞い」と「踊り」、二つの系譜

ところで今ではひと口に「舞踊」といいますが、これは実は近代以降の言葉であって、その昔は「舞い」と「踊り」が二つ別々のものだと考えられていたようです。

「舞い」と「踊り」の違いに関して、なかなかうまい定義づけをしていると思われるのが、江戸時代後期の国学者本居内遠《もとおりうちとお》(2)です。彼は著書『賤者考《せんじゃこう》』の中で、舞いは「態を模し意を用ふる」、すなわち何かを真似たりしながら意味づけて表現するものであるのに対し、踊りは「我を忘れて態の醜からむもしらず、興に発して自《おの》ずからなる」、つまり忘我の境地でなりふりかまわず自然に湧き起こるパッションに従って動くものだと解説しました。

近代になると語源を辿って「舞い」は「回る」と近い、旋回運動だとするいっぽうで、「踊り」は「躍り」と同じで跳躍動作が根本なのではないかという説がまずありました。しかし踊りにも回る動作はあるわけで、それほど簡単に分類ができるものではないとした民俗学者の柳田國男は、「舞い」が「地《じ》」（BGM）によって耳に訴える要素が強いのに対し、「踊り」は「手」（動作）によって目に訴えるのが根本だと指摘しました(3)。同じく民俗学者の折口信夫は、舞いを「大様《おおよう》で静かな性格をもった神の一面を表す事が多い」とし、踊りは「幾分荒々しい粗野な感情を表現するでもん・すぴりっとの類の動作であることが多い」としています(4)。「でもん・すぴりっと」はデーモン・スピリットすなわち悪霊の意味です。こうしたさまざまな定義付けの背景には、むろん実際に「舞い」や「踊り」と呼ばれていたものの漠然たるイメージがあったことは申すまでもありません。

「踊り」に関して古いところでは、平安時代の空也上人《くうやしょうにん》(5)が始めて、鎌倉時代の一遍上《いっぺんしょう》人《にん》(6)から盛んになったといわれる「踊り念仏」があります。信者が鉦《かね》や鼓を叩いて拍子を取りながら念仏を唱えて踊り歩く、いわば踊る宗教の元祖のようなものです。

いっぽうで同時代には『平家物語』などに出てくる「白拍子《しらびょうし》(7)の舞い」というものがありました。白拍子の舞いはそれを専門にする女性がいたわけですから、つまり初期の段階で踊りと舞いは一般参加型か、プロフェッショナル型かという区分けもできるでしょう。踊り念仏や白拍子の舞いまで遡って考えれば、先に述べた本居内遠の定義が実に的を射ているような気もします。

白拍子の舞いで一つ忘れてならない重要な点は、舞う女性が水干《すいかん》を着て立烏帽子《たてえぼし》をかぶり、白巻鞘《しろまきざや》の太刀を差して、つまり男装をしていたことで、日本の芸能は古くからこうしたトランスベスティズム（異性装）が見られ、トランスジェンダー（性の壁を乗り越える）的な側面を無視しては語れないものがあるのです。

白拍子は「今様《いまよう》」すなわち当時の流行歌をうたいながら舞ったとされ、踊り念仏は文字通り念仏を唱えながら踊っていたのでしょう。その念仏踊りがどうやら室町時代あたりから「盆踊り」として定着し、戦国時代にはそれに抒情的な短い歌すなわち「小歌《こうた》」がつくようになったといわれています。鉦や鼓を叩いて念仏を唱えながら跳んだりはねたりしていた踊りに歌がついたことで、ようやく今日につながる日本の踊りが誕生したものと考えられます。

ラフカディオ・ハーンが見た日本の盆踊り

定義づけやイメージから類推される舞いと踊りの違いを端的にいえば、舞いがスタティック（静的）であるのに対して、踊りはダイナミックといえるでしょうか。もっともこれはあくまで相対的な見方であって、日本の踊りが客観的にどう見えるかについては、『怪談』で有名な小泉八雲《やくも》(8)ことラフカディオ・ハーンに語ってもらいましょう。

父がアイルランド人、母はギリシャ人で、自身ジャーナリストでもあった彼は、ヨーロッパからアメリカに渡って、一度はアフリカ系の女性に惹かれて結婚し、西インド諸島にも滞在して、その後日本に永住するという、多岐多様の異文化を吸収し続けた人なので、空疎なオリエンタリズムでは片づけられない視点の持ち主だったことは確かです。彼の著書『日本瞥見記《べつけん》(9)』の中で、出雲地方の盆踊りを初めて見たときの印象が綴られた文章は、表現力がとても優れていて、日本の踊りの不可思議な魅力を日本人のだれよりもよく伝えてくれます。またその見方はわれわれ現代人が日本の舞踊に抱く印象と重なる部分もあるかと思うので、少し長くなりますが次に引用しておきます。

まず、同勢がいっせいに右足を一歩前に、草履を地べたから上げないで、そのまますするりと出す。それと同時に、妙にふうわりとしたしぐさで、にこにこ笑いながら、軽くお辞儀をするような腰つきをして、両手を右にのばす。つぎに、出した右足をうしろに引いて、また両手を振り、お辞儀のようなしぐさをくりかえす。つぎに、こんどは左手をいっせいに出し、左に半分身をねじ向けながら、前の動作をくりかえす。それから、軽く手をポンとひとつ揃《そろ》えて打ち、それといっしょに、また初めの動作が、右、左と交互にくりかえされるのである。草履をはいた足はみんな揃ってひとつにすべり、しなやかな手はみんな揃ってひとつに振られ、なよやかなからだはみんな揃ってひとつにかがみ、左右に傾く。こうしてこの行列の動作は、きわめてゆっくりと、気味のわるいように、月光に照らし出された境内のなかを、だんだん大きな輪になって、黙って見ている見物人のまわりをぐるぐる回るのである。

そうして、白い手が絶えず波のように揃って揺れうごく。まるでなにか呪文でもひねりだすように、白い手は輪の内と外とへ、かわるがわるに、あるいは手のひらを上に、あるいは下に向けながら、しなりしなりと動くのである。それといっしょに、いたずらな小鬼のような長い袖が、羽のような影をそえながら、ほの白く揃って、この複雑な動作のリズムにのりながら平衡を保って行く。だから、じっとそれを見ていると、まるで水がキラキラ光って流れているのを一所懸命に見つめているような、――なんだか催眠術にでもかかっているような感じがしてくる。

この催眠術のような、眠気の底に引きこまれるような感じは、あたりが水を打ったようにしんとしている静けさのために、いっそう強められる。たれひとり口をきくものがないのである。見物人も黙っている。踊り手が軽く手をたたくから手をたたくまでの長い合間には、藪《やぶ》にすだく虫の声と、軽く埃《ほこり》をあげる草履のシュッ、シュッという音が聞こえるだけである。何かこれに似たものがあるかしらと、わたくしは自分に問うてみた。似ているものは何もないが、しいていえば、歩きながら空を飛んでいる夢を見ている夢遊病者の空想がこんなものではあるまいかと、およその見当をつけてみた。

(『日本瞥見記』平井呈一訳より)

ラフカディオ・ハーンが明治初期に出雲地方で見た盆踊りは、非常に静かなものだったようで、もちろんそのほうが盆踊り本来の姿なのでしょう。「舞い」でなく「踊り」であっても、彼の目にはダイナミックというよりもスタティックに映じたのがよくわかります。

そして彼がいう「催眠術のような、眠気の底に引きこまれるような感じ」は、現代人の私たちが日本の舞踊を見てだれしも一度は経験する感覚かもしれません。それはいわば脳の α《アルファ》(10) 波を誘い出すような効果がある舞踊であり、そうした日本の舞踊の魅力をハ

茶屋遊びのコントを演じるお国（「阿国歌舞伎図屛風」より）

ーンの文章はあますところなく伝えているような気がします。

トランスジェンダーのレビュー「お国かぶき」

ラフカディオ・ハーンがたまたま目撃したのが出雲地方の盆踊りだったことには何か因縁めいたものさえ感じます。それは歌舞伎を語る上で決して触れないわけにはいかない存在に、出雲のお国という人物がいるからです。『歌舞妓事始《かぶきじし》』[11]をはじめ、江戸時代に出版された芸能関係書には必ず彼女が歌舞伎の始祖として登場し、それをもとに遡って同時代の文献を探った結果、実在も確かめられはしたのですが、今日に見られる歌舞伎との直接的な関係はあまり強いものとはいえません。つまりお国の上演した演目や芸態が今日にしっかり伝えられていたりするわけでは全然なくて、そもそもは江戸時代の伝説として歌舞伎の創始者にされていたにすぎないという点を、あらかじめ断っておかなくてはならないでしょう。

　実在のお国が活躍したころから少しあとの時代に書かれた編年体記録『当代記』[12]には、慶長八年（一六〇三）の項に近ごろ「かぶき躍り」というものがあって、出雲国の巫女《みこ》で、国を名乗る、あまり美人とはいえない女性がこれを始めて京都に上ったとしています。お国はたとえば刀や脇指、衣裳など変わった扮装で男の真似をして、茶屋の女と戯れる様子を演じ、これが身分の上下を問わず京都中の人びとにもてはやされ、伏見城へもたびたび参上して披露し、その後これを学んだ「かぶきの座」がいくつもできて諸国に下ったとも記されています。つまりこの『当代記』の記録によって、お国は「かぶき」の創始者であることが確認されたのでした。

　ほぼ同時代に書かれた『野槌《のづち》』[13]には、お国が僧衣を着て鉦を打ち、念仏を唱えて、はじめは「念仏おどり」といっていたのが「その後、男の装束し刀を横へ歌舞す、俗にかぶきと名づく」とあって、『当代記』と同様に、「かぶき」がもともと男装をした女性の芸能を指したことがわかります。では今のタカラヅカのようなものだったのかというとそうではなくて、著者である儒学者の林羅山《らざん》[14]は男が女の服装をし、女は男の服装をして、男女相共にかつ歌いかつ踊る芸能だと記しています。

　それがどのようなものだったかは「かぶき草紙[15]」と呼ばれる一連の絵巻物・絵本の類

「洛中洛外図屏風」右隻第二〜四扇。中央の第三扇には四条の河原で興行中の女歌舞伎の芝居小屋が描かれている

や「洛中洛外図[16]」の屏風絵《びょうぶえ》からも窺えて、やはり男装した女性と女装した男性による、コミカルなコントとダンスが入り交じったレビュー式のショーだったと想像されるのです。

「かぶき草紙」には、お国がすでに亡き名古屋山三《さんざ》[17]という伊達男を舞台に呼び出すというシーンも描かれており、こうした過去に死んだ人物を舞台に呼び出すことは、すでに能楽でもよく行なわれていた、日本の芸能における重要なモチーフと考えられます。

お国は「巫女」だったとさ

延宝・貞享期の人気若衆方・前河粂之助。野郎帽子をつけ、両刀を差しているので野郎歌舞伎時代の若衆方であることがわかる（「歌舞伎若衆図」より）

れますが、当時は「歩き巫女」といって、特定の神社に属さずに各地を回って祈禱《きとう》や勧進《かんじん》すなわち寄付を募ったりするいっぽうで、芸能や売色も兼ねた集団が存在し、お国はそうした人びとの一人だったとする説もあります。

お国以降も似たような芸能をする集団がぞくぞくと誕生して「遊女歌舞伎」と総称され、それらの興行は風紀を乱すとして寛永六年（一六二九）に禁止されて以降、日本の女性は長らく公共の場で舞台に立てなくなりました。

そのあとに流行したのが「若衆歌舞伎《わかしゅかぶき》」で、これは昨今の美少年流行りの芸能界を彷《ほう》彿《ふつ》とさせますが、当時は露骨に男色の対象と見られ、そこから殺傷事件なども生じたため、承応元年（一六五二）には遊女歌舞伎と同様に禁止の憂き目に遭います。しかしそこから生き残りをかけた人びとは、若衆の前髪を剃って「野郎頭《やろうあたま》」すなわち成人の髪形にし、「物真似狂言尽し《ものまねきょうげんづくし》」を標榜《ひょうぼう》して、写実的な演劇的要素を加えることでなんとか興行を存続させます。それが今日に残る歌舞伎の原点なのです。

要するに、歌舞伎はそもそもの出発点が舞踊中心のレビューショーだったということをしっかりと押さえておく必要があります。

舞踊を意味するターム

元禄の時代の歌舞伎にはまだ初期のレビューショーの名残が色濃く残っていたようです。絵入狂言本などを見るとそのことがよくわかります。次頁の図は『椀久浮世十界《わんきゅううきよじっかい》』という絵入狂言本の挿絵で、芝居のフィナーレに役者全員が総出で舞台狭しと踊る様子を描いたものと思われます。この手のフィナーレは「大踊り」もしくは「惣《そう》踊り」と呼ばれていました。

フィナーレ以外にも劇中に舞踊シーンがよく盛り込まれていて、当時は舞踊という言

芝居のフィナーレに役者全員が踊る様子（『椀久浮世十界』より）

葉はまだないわけですが、それに代わる「所作事《しょさごと》」や「拍子事《ひょうしごと》」という用語《ターム》がすでに初期に生まれています。

同じく舞踊を意味する言葉でも、所作事と拍子事は微妙に違ったはずで、所作事は何かのしぐさをすることを、拍子事はリズミカルな動きを、それぞれ重視したニュアンスが汲《く》み取れます。役者評判記には「拍子利《き》き」と評される役者がいて、今ならリズム感がいい人というところではなかろうかと想像されるのです。

この時代にはもう一つ重要な「怨霊《おんりょう》事《ごと》」というタームがあります。これは文字通り劇中で死霊や生き霊になった人物が登場して恨みを述べたりするシーンを舞踊的に表現し、綱渡りや宙返りといったアクロバティックな動きもかなり取り入れたものらしいのです。「怨霊事」は人間の霊のみならず、たとえば猫や鳥や蛇体を表現する場合もあり、演じるのはもっぱら女形で、当時有名な女形の水木辰之助《たつのすけ》[18]は「猫の所作」や七役早変わりで踊る「七化け」を得意としていました。

舞踊を意味する言葉では時代が下がって「振事《ふりごと》」という新たなタームも生まれ、上方では「所作事」よりも「景事《けいごと》」というほうがポピュラーになりました。これはもともと人形浄瑠璃の「道行」のシーンが舞踊的になりやすく、道行の詞章にはおのずと風景が詠み込まれるために生まれた用語です。

華やかに咲き誇る女形の舞踊

現在でも上演される歌舞伎の舞踊で、かなり古くにまで遡れる一番有名な演目は、宝暦三年（一七五三）に誕生した『京鹿《きようがの》子娘道成寺《こむすめどうじようじ》』[19]でしょうか。元禄時代のレパートリーは今日に残っておらず、次の享保から宝暦にかけての時代に成立した舞踊が、今日に見られる最古層のものだと指摘できます。

ちょっと余談になりますが、一九六〇年代にアメリカ、ソ連、ヨーロッパと立て続けに歌舞伎公演をした際のアンケートが残っていて[20]、それを見ると『京鹿子娘道成寺』[21]は意外に不人気なレパートリーだったことがわかります。六代目中村歌右衛門と七代目尾上梅幸[22]という当時最高峰の女形が演じたにもかかわらず、西洋ではあまり歓迎されませんでした。少しそのことを念頭に置いて話を進めたいと思います。

まず『京鹿子娘道成寺』の初演とほぼ同時代を生きた佐《さ》渡《ど》嶋《じま》長《ちょう》五《ご》郎《ろう》(23)という役者が書き残した「しょさの秘伝」の冒頭を引用しましょう。

「フリは文句にあり、文句の生《しょう》なき時は、品《しな》をもってす。また文句なく、節《ふし》にてのばす時は、拍子にのる。なす技は所作なるがゆえに、フリに誠《まこと》を本《もと》とす。何によらずその所作柄の心を、忘るべからず」

これはそう難しいことを述べているわけではありません。歌舞伎舞踊のフリは歌詞に則《のっと》っており、歌詞に意味がないときはシナを作って、つまり雰囲気のある動作でなんとかごまかす。歌詞がなくて旋律がずっと続いている場合はそのリズムに合わせて体を動かす。フリはもともと実際に何かをするときのしぐさが基本であり、自分がどんなしぐさをしているかを忘れてはいけませんよ、というだけの話です。「秘伝」などと書いてあるから、ともすれば大げさにとらえられがちですが、この種の芸能書の哲学的な深読みは禁物で、ごく実践的に書かれているものとしなくてはなりません。

ただ、ここには歌舞伎舞踊の大原則が端的に書かれています。

つまり「振りは文句にあり」すなわち歌詞に則っているということで、西洋のクラシックバレエと比較すればその違いは一目瞭然です。クラシックバレエにはストーリーがあっても歌詞はつきません。片や歌舞伎の舞踊には必ずバックコーラスが流れて歌詞が聞こえるのに、全体のストーリーはわかりづらいのです。『京鹿子娘道成寺』は安珍清姫伝説に基づく能の『道成寺』(24)をモチーフにしていても、歌詞はそのストーリーとほとんど関係ないのがちゃんと聞けばよくわかります。そしてそれが海外公演で理解されにくかった最大の原因であろうし、また現代の日本人にとっても大きな障壁となっている気がするのです。

歌舞伎舞踊のバックコーラスは長唄にしろ常磐津《ときわづ》(25)や清元(26)にしろ義太夫にしろ、現代人の多くはその歌詞を聞いても意味があまり理解できません。演者でさえ意味がわからずに、ただ師匠に教わった通り踊っているにすぎない場合さえ多々あるのです。歌舞伎の舞台に字幕スーパーがついて、そこに現代語訳の歌詞が流されたら、少なくとも今よりは舞踊を楽しめる観客が増えるのではないかと思われます。

本心を歌に託した「クドキ」

『京鹿子娘道成寺』の一番の見どころとされるのは「恋の手習《てならい》」という文句に始まるくだりで(27)、抒情的な長唄の旋律にのせて乙女心を綿々と訴える歌詞が続きますが、これなども歌詞の意味がわかると、見る側の思い入れがかなり変わってくるはずですから、次に抄訳を試みましょう。

「ああ、私ったら、だれに見せようと思って口紅なんか塗ってるのかしら。将来は一緒になろうと誓い合った文書まで取り交わした仲なのに、あれもみんな嘘だったのね。嫉妬なんかしちゃいけないと思っても、ああ、女は情けない、ついむらむらしてくる。ああ、あいつの気が知れない。なんだってあんな悪い男に惚《ほ》れちゃったんだろう」というような歌詞の部分が音楽用語では「クドキ」と呼ばれて、一曲のハイライトになります。「クドキ」とは今でもいう「口説き文句」と同じ意味で、抒情的な旋律にのせて切々と心情を訴えるものですが、これはオペラのアリアに相当するかもしれません。オペラはプリマドンナがアリアを朗々と歌いあげ、歌舞伎は女形がクドキをバックコーラスにして嫋嫋《じょうじょう》と舞い踊るというわけです。

「クドキ」は舞踊だけではなく、第三〜六章で取りあげた丸本物《まるほんもの》(28)（義太夫狂言）のドラマチックなシーンにも数多く見られます。たとえば『忠臣蔵』の七段目で、遊女のお軽は夫勘平の死を知らされたあと、勘平は死ぬ前にさぞかし自分に会いたかっただろうというような、ぬけぬけした本音を思わず洩らしますが、そこは敢えて役者がセリフをいわずに舞踊的な表現で処理します。ほかにもクドキは大概その人物のあからさまな本音だったり、エロチックな気持ちだったり、当時としては相当に大胆な内容の詞章であって、それをセリフにせずに舞踊的に表現するのが歌舞伎の大きな特徴の一つといえます。こうした点は、いかにも率直な会話によるコミュニケーションを苦手とする日本人が生んだ芸能らしい、と思わざるを得ません。

七代目尾上菊五郎演じる『京鹿子娘道成寺』の「恋の手習」（昭和六十年三月、国立劇場大劇場／写真提供：国立劇場）

『道成寺』では舞台で衣裳を素早く変える「引抜《ひきぬき》」という演出が多用されますが、これについても佐渡嶋長五郎が『佐渡嶋日記』の中で触れています。[29]近年所作事をする役者は衣裳をたくさん重ね着して、所作の間に囃子方《はやしかた》（バックオーケストラ）に向かい、観客をお尻にして、着ている衣裳を一枚一枚脱いでいくが、それはもともと観客の眠りを覚ますために脱ぐものだったのに、ある時期から余計に着るのが流行って、あまり頻繁に脱ぐために、かえって目の妨げになる、と彼は批判しました。

　引抜がもともとは観客の眠りを覚ますためだったという彼の説は、ラフカディオ・ハーンの文章を想いださせてくれますが、では批判の対象になっている役者は一体だれなのか。それは同時代に舞踊を得意とした女形、初代瀬川菊之丞[30]や初代中村富十郎だったとしてもおかしくありません。富十郎はまさしく『京鹿子娘道成寺』を初演した役者で、菊之丞はそれ以前に能の『道成寺』をモチーフにした舞踊をさまざまに演じており、二人のほかにも「道成寺物」を手がけた役者は大勢いました。

アクロバティックな「石橋物」

「道成寺物」と同時代に生まれて今日まで続く歌舞伎の舞踊で、同じく能に由来するのが「石橋物《しやつきようもの》」と呼ばれるジャンルです。能の『石橋』は、中国の清涼山《しようりようせん》に架かる石の橋を渡ろうとしている僧侶の前に霊獣の獅子が出現して牡丹《ぼたん》の花に戯れるさまを描いたもので、プログラムの最後をにぎにぎしく飾る派手なアクション型の演目なのですが、これも歌舞伎では女形の舞踊として華やかに咲き誇ります。初代菊之丞は『相生獅子《あいおいじし》』と『枕獅子《まくらじし》』を、初代富十郎は『執着獅子《しゆうちやくじし》』を今日に残しました。

もっとも『枕獅子』は今やめったに見られなくなり、バージョンチェンジした『鏡《かがみ》獅子《じし》』[31]のほうがよく上演されています。『枕獅子』は遊女の姿で演じるものですが、明治時代の九代目團十郎がそれをもっと高尚にすべく御殿女中の姿に変えて、新たに『鏡獅子』を創りました。ただ後半では獅子の姿で勇壮な舞いぶりを披露するにもかかわらず、前半を女性の姿で演じるのは十八世紀半ばに流行した女形による「石橋物」の名残なのです。

文化九年（一八一二）三月に江戸市村座で上演された『姿 花江戸伊達染《すがたのはなあずまのだてぞめ》』。四代目瀬川路考が演じる「相生獅子」後ジテの姿（初代歌川豊国筆）

明治期に初演された「石橋物」にはほかに『連獅子《れんじし》』(32)があって、共に獅子に変身してからは能の後《のち》ジテ(33)に近い扮装になっていますが、十八世紀半ばに誕生した古風な「石橋物」は着物の裾を引いた女の姿で通し、獅子頭も白い毛に二枚重ねの扇を添えた軽めのかぶり物で、それをやたらに振るような真似もしません。ならば初代菊之丞や富十郎は激しいアクションを回避したのかといえば、必ずしもそうとは限らないのです。

この点について『佐渡嶋日記』には次のような面白い記述が見られます。

「石橋などの所作事を、舞終り、舞台に打ふし、後見の人々寄てかいて楽屋へ入。

此事一円其意《そのい》を得ざる事なり。先《まず》見物に対して無礼、そのうへ歌舞妓といへる物は、あれほど野卑なる物と、其身一人にて、此道の人々を蔑《さげ》しまるる事、芝居道の瑕瑾《かきん》なり」

どうやら当時はあまりにも激しい踊りだったために、終わると舞台でバッタリ倒れて、後見《こうけん》に抱えられて楽屋に引っ込むというようなことがあったらしいのです。現代ならロックコンサートで失神する歌手といったところで、たぶんそれも一種の興行的なウリになっていたのではないかと想像されます。そういうことは観客に無礼だし、下品だと佐渡嶋長五郎は真面目に批判していますが、批判の対象はやはり富十郎のような一世を風靡した人気役者だったと思われます。人気役者でなければそんなに批判をする必要もなかったことでしょう。

『相生獅子』や『枕獅子』、『執着獅子』は曲が残っていても、振付は伝わっていないといわれています。それ以前の元禄期に女形が演じた「怨霊事」などを考えあわせると、誕生した当初の「石橋物」はかなりアクロバティックな動きもある激しい舞踊だったことが想像に難くありません。

特徴的な身体の使い方

とにかく菊之丞にしろ富十郎にしろ、この時期の女形に舞踊の名手が輩出したのは、歌舞伎の中で舞踊が女形の領分というふうに認識されていったことと裏腹の関係にあります。そして女形の舞踊は男が女を演じるという不自然な前提のもとで、その身体の使い方が決定づけられました。

先に挙げた「しょさの秘伝」には「立身《たちみ》に成り候時は、鰐《わに》足に成《なる》べし。腰細《こしぼそ》に、裾開《すそびら》きよし」とあって、立つときの姿勢を「鰐足」にして腰を細く見せ、着物の裾を開くのがいいとしています。「鰐足」とはつま先をまっすぐ前に向けない立ち方や歩き方で、女形はつま先を外に向ける「外鰐《そとわに》」ではなく、内側に向けた「内鰐《うちわに》」で動くのが基本でした。

男のごつい体をいかに女らしく見せるかが女形にとっては重要なポイントで、そのために衣裳もいろいろと工夫することになります。『歌舞妓事始』には、帯の幅を今日のように広くしたのは元禄時代の名女形荻野沢《さわ》之丞《のじょう》(34)だと書かれており、もしそうだとすると面白いのは、現実の女性のほうが逆にそれをファッションとして取り入れ定着させてしまったところでしょう。元禄以前に比べると、女性の帯は格段に幅が広くなっているのです。和服を着た女性が足を内輪にして歩く習慣も、女形の内鰐を真似たのかもしれません。江戸時代の歌舞伎が女性ファッションに多大な影響力のあったことはほかにも多々指摘できますが、やはりここでは舞踊に話を戻しましょう。

「しょさの秘伝」の最後には「ふりは目にてつかふと申して、ふりは人間の体《たい》のごとし、目は魂のごとし」と書かれ、歌舞伎の舞踊に目づかいが重要視されていることも見逃せ

◆外鰐と内鰐◆

ません。この点は「カタカリ」[35]などインドの伝統舞踊を筆頭にアジアの舞踊全体の特徴ともいえそうです。

また古今東西あらゆる舞踊で最も大切なのは体の重心をどこに置くかという点ですが、西洋のバレエが重心を高くして伸び上がるような姿勢で天への憧れを表現するように見えるのに対し、日本の舞踊は重心をあくまで低くして、地を這《は》いまわり、地を踏みならして、自然との融合を謳歌《おうか》する動きにも見えます。

さて、初代と二代目の瀬川菊之丞や初代中村富十郎が活躍した時代には、舞踊が女形の専売特許のようになっていましたが、さらに時代が下ると、男の役を演じる役者で初代中村仲蔵という舞踊の名人が現われて、男女の役ががっぷり四つに組んだ舞踊劇が誕生しました。それがいよいよこの章でメインに取りあげようとしている『積恋雪関扉』『関《せき》の扉《と》』なのです。

中村仲蔵は下積みから苦労して千両役者に昇りつめた稀代《きたい》の名優で、彼の自伝をもとに私は『仲蔵狂乱』という時代小説を書きました。彼と共演した三代目瀬川菊之丞も小説のデビュー作に登場させていて、二人を小説に書いたきっかけには、現代に残る『関の扉』という舞踊の魅力があったことを認めなくてはなりません。

2　舞踊劇の最高傑作

基礎教養としての平安文学

『積恋雪関扉』はもともと『重重人重小町桜《じゅうにひとえこまちざくら》』という長い芝居の一部として、天明四年（一七八四）に上演されました。芝居全体の台本は残っていないものの、「評判記」や大正時代に発見された筋書きから大まかなストーリーはわかっています。顔見世狂言として上演されたため、第一章でも触れたように、前半に「暫」の場面があり、そこで

は橘 逸勢《たちばなのはやなり》(36)の亡魂がウケとして登場します。ヒーローの暫がウケの亡霊に「八声《やこえ》の名鏡」と呼ばれる鏡をさしつけると、ウケの髪がばらばらばらと抜け落ち、もとの白骨に戻るという面白い仕掛けがあったようです。

顔見世狂言では「暫」の前後に必ず「だんまり」と呼ばれる場面がつき、これは主な登場人物が暗闇で文字通り黙《だんま》りのパントマイムをして事件の発端となる何か重要な物を奪い合うシーンですが、この作品では「勘合《かんごう》の印《いん》」(37)が奪い合いになり、それを最後に奪った者が「割符《わっぷ》」(38)の片割れを落としていきます。「八声の名鏡」も「勘合の印」も「割符」も『関の扉』の場面に登場して事件が解明されるのですが、芝居全体を上演しない今日の舞台だと、その点は全くわからないかもしれません。

『関の扉』の登場人物は小野小町《おののこまち》(39)と恋人の良岑宗貞《よしみねのむねさだ》(40)、逢坂の関を守る関兵衛《せきべえ》の三人で、関兵衛は後半で謀叛人の大伴黒主《おおとものくろぬし》(41)という正体を現わします。初演は三代目瀬川菊之丞が小野小町に、初代中村仲蔵が黒主に扮しました。

良岑宗貞は百人一首の「天津風　雲の通ひ路　吹き閉ぢよ　をとめの姿　しばしとどめむ」で知られる僧正遍昭《そうじようへんじよう》の若きころの姿です。遍昭も小町も黒主も『古今和歌集』の序文に出てくる六歌仙(42)のメンバーで、江戸時代の人びとが平安文化を好んだことは第二章でも触れましたが、この作品ではストレートに平安時代の人物を登場させて、当時の和歌や何かが巧みに詞章に織り込まれています。

たとえば幕開きのシーンに登場する黒主（関兵衛）は木樵《きこり》の姿をしていますが、これも彼の和歌が、まるで薪《たきぎ》を背負った山人が花の陰で休んでいるような野卑な感じだと『古今和歌集』の序文に書いてあるからだと考えられ、江戸時代の作者にとっては平安文学がそれくらい基礎教養だったこともわかります。場面が逢坂の関に設定されたのも、百人一首の「これやこの　行くも帰るも　別れては　知るも知らぬも　逢坂の関」によって、人びとが出会う場にふさわしいと感じられたのでしょう。(43)

さて、ここからは舞台の流れに沿ってこの舞踊劇の見どころを一通り紹介していきます。

ジェスチャーが見どころに

幕開きはまず「置《おき》」と呼ばれる序曲が流れます。「むかしむかし〜」というフレーズが何やらお伽話の始まりを予感させ、舞台の真ん中に大きな桜の木があることを印象づけます。これは小町が詠んだ歌によって色が鮮やかになったので「小町桜」と名づけられ、そのあと先帝である仁明《にんみよう》天皇(44)が崩御したのを悲しんで墨染色になってしまったという桜ですが、舞台には薄紅色の満開の桜があって、しかも背景は雪景色ですからまるで狂い咲きのように見えます。顔見世狂言が上演されるのは冬であるためか、ラストシーンは必ず雪の場面にするというお約束があって、そのためにいささか異常で見た目にインパクトのある舞台になっているのです。

桜の手前に小さな柴折《しお》り戸が置かれ、これが逢坂の関所の門に見立てられています。そこに小野小町が登場し、花道で登場をアピールする「道行」の短い舞踊を披露したあと、関所を通ろうとして関守の関兵衛と押し問答になり、次の歌詞で関兵衛が最初の見せ場を作ります。

一体そさまの風俗は、花にもまさる姿形《なりかたち》、桂の黛《まゆずみ》青うして、またとあるまいお姿を、お公家様方お屋敷さん、多くの中で見そめたら、ただは通さぬはずなれど、そこをそのまま捨ておくは、生野暮薄鈍《きやぼうすどん》情無し苦無しを見るやうに、悪洒落《わるじやれ》いうたり、大通仕打ちも有るまいが、どういう理屈か気が知れぬ。気が知れぬ

一体あなたは花にもまさるめったにない素敵な容姿をして、お公家様にしろお武家様にしろ世の多くの男性が見たらただでは通さないはずなのに、それを放っておくとは本当に野暮でのろまで情け知らず苦労知らずの大馬鹿ものとしか思えない。悪じゃれをいってちょっかいをかけたり、通人が誘いをかけたりもしないのであろうが、それはなぜなのかさっぱり気が知れない、というような歌詞ですが、関兵衛はここで小町の真似をして見せます。見るからに武骨な男性が女性の姿をわざと気持ち悪く真似してみせる滑

稽なフリは「悪身」、「わるみ」あるいは「わりみ」とも呼ばれて、歌舞伎舞踊で特徴的なフリの一つです。すでに述べたように、日本の舞踊は古くからトランスジェンダー的な傾向が強く、一人の踊り手が男女を踊り分けることもごくふつうに見られ、「悪身」はその極端な例といえるでしょう。

振付が歌詞に寄り添ったものだという話もすでにしましたが、「生野暮薄鈍情無し苦無しを見るやうに」のフリはその極端な形として非常に面白くできています。次頁の図をご覧いただくとわかりやすいはずで、「生《き》」は木、「野《や》」は弓矢の矢、「暮《ぼ》」は棒、「薄《うす》」は臼、「鈍《どん》」はこぶしでをドンと叩き、「情《じょう》なし」は錠前がない、「苦《く》なし」は食うものがないという身振りをし、つまりすべて当て振りで見せるので、かつて一世を風靡したNHKのテレビ番組『ジェスチャー』(45)を想いださせるようなところがあります。

ちなみに歌舞伎舞踊がテレビで放送された際、ためしに音声を消すとパントマイムやジェスチャーに近く見えて「フリは文句にあり」が実感されますが、それゆえに本来あまりにもわかりやすい当て振りは野暮だとされています。そこを敢えて一字一字ばらして当て振りにし、トータルとして「生野暮」を強調するのが江戸らしい洒落っ気で、中村仲蔵が悩み抜いて練りあげた振付だといわれています。全体の振付師は二代目西川扇蔵《ぞう》とされていても、仲蔵は自身が振付師だった経験の持ち主ですから、当然ながら自分が踊る部分は自分で工夫したことも多かったであろうと見なくてはなりません。今日に

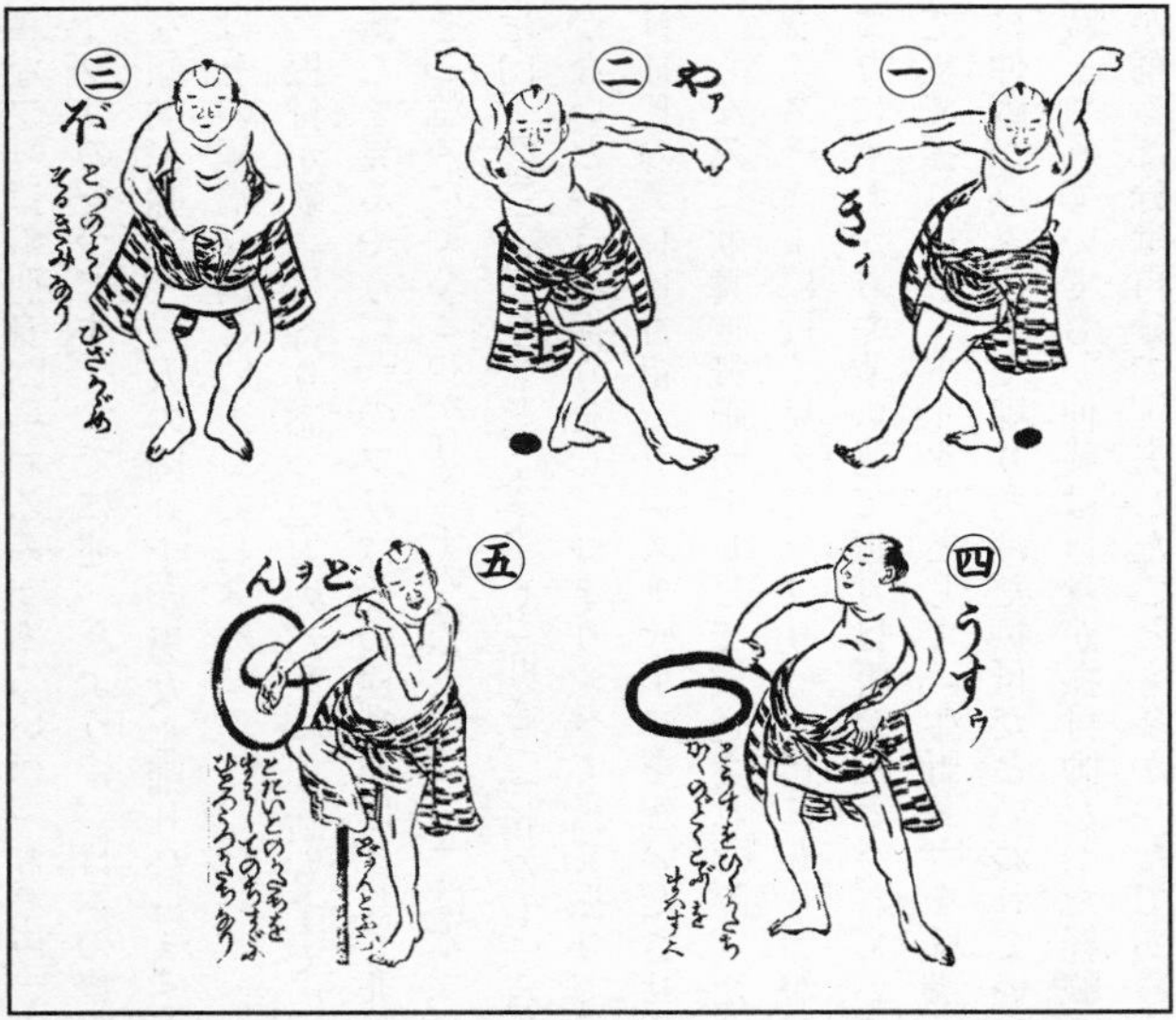

㊀きィ㊁やァ㊂ぼ　とづのごとく　ひざかゞめ　そるきみなり㊃うすゥ
とうすをひくかたち　かくのごとくこぶしをまハす也㊄どヲんとふむ
どヲん　とたいこのかたちをまはしてのち　すぐにひとつうつかたちなり
（葛飾北斎「踊独稽古」より）

残る関兵衛の振付には、前かがみになったり、体を揺する彼の身体的な癖までも見られて、それが「仲蔵ブリ」とも呼ばれています。

踊りの原型、手踊りの楽しさ

関兵衛の滑稽な見せ場が済むと、次の見どころは小町と良岑宗貞の恋愛模様に移ります。小町は三《み》井寺《いでら》[46]に参詣するために逢坂の関所を通過しようとし、宗貞は崩御された仁明天皇の菩提《ぼだい》を弔うためにここに来ていたという設定で、恋人同士が久々に再会して「布留の御寺《ふるみてら》(47)」での馴れ初め《なそ》を物語ることになります。その寺は『後撰和歌集』で僧正遍昭と小町が会ったとされる場所であり、作詞者宝田《たからだ》寿来《じゅらい》(48)の古典的教養がここにも活《い》かされているというわけです。

宗貞は布留の御寺でも仁明天皇の菩提を弔うためにお経を読んでいて、片や小野小町は亡き母親の後生を願うために参籠《さんろう》していたのですが、互いに一目惚れすると「後生菩提もどこへやら、捨てて二人が一つ夜着、枕並べて寝たれども」という歌詞でわかるように、不謹慎にも天皇や親のことはそっちのけで即男女関係を持ってしまうのが実に歌舞伎らしい展開といえます。

ここは小町のクドキとなり、クドキはこうした人間のストレートな欲望や心情を大胆な歌詞で表現し、舞い手がそれを色気たっぷりのフリで見せるものなのです。

これに続けて関兵衛が、では俺が仲人になって二人に祝言をさせてやろうとしゃしゃり出たときに、懐中から二つの品物をぽろっと落とします。一つは「勘合の印」、もう一つが「割符」の片割れで、それによって小町と宗貞の二人は関兵衛という人物の怪しさに気づき、そこから劇的な展開になるかと見せて、三人三様その胸中をごまかすかのように一緒に踊り始めるところが前半のハイライトといえるでしょう。

ここでの三人はアップテンポの曲調でそろって同じフリをし、先ほど落ちた二品は一

小町姫と関守の関兵衛（豊原周義筆「積恋雪関扉」）

体なんだったかという疑問を忘れさせるくらい賑やかに踊りまわって、舞台には浮き立つような明るいムードが漂います。手に何も持たず、皆でそろって同じフリをするこうした部分は「手踊り」と呼ばれて、若衆歌舞伎や元禄の大踊りに見られたであろう歌舞伎舞踊の原初的な魅力を想い起こさせます。

「手踊り」が済むと急にドラマチックな展開となります。関兵衛がいったん退場し、残った二人のもとへ鷹が空から舞い降りて白い片袖を運んで来ます。片袖には血汐で「二子《じし》[49]乗舟《じょうしゅう》」と書かれ、それは衛《えい》の国の王子が兄の身替わりに死んだという故事を踏まえた漢詩の一節であるため、宗貞は弟の五位之介安貞《ごいのすけやすさだ》が自分の身替わりに死んだことを悟るのです。『重重人重小町桜』の芝居全体の中にはもちろん安貞が兄の身替わりに切腹して自らの血汐で「二子乗舟」と記す場面もありました。

宗貞がその袖を庭の飛び石の上に置くと、血汐の汚れによって「八声の明鏡」の裏に彫られた鶏がコケコッコーと鳴き、そこから石の下が怪しいとして掘るとまさしくその名鏡が現われます。先ほど落とした「勘合の印」や「割符」と併せて関兵衛は断然怪しい人物と判明し、小町姫がそれを報《しら》せるべく立ち去ったあと、宗貞は弟安貞の血汐に染まる片袖を琴の中に隠します。そこに再び関兵衛が登場し、祝言に振る舞われた酒を飲みすぎて泥酔しているフリを見せ、宗貞のほうは速やかに退場します。

謀叛人が決意を表明する瞬間

宗貞が去ったあと関兵衛がなおも手酌で飲もうとすると、太鼓によるドロドロドロという音響とともに、舞台の天井から黒い雲の形をした板がするすると降りてきます。その板には北斗七星が描かれており、関兵衛は手にした大きな杯に星影を映し取るかっこうで、今がちょうど「寅《とら》の一天(点)」すなわち午前四時だと悟ります。ちなみに歌舞伎では黒い雲に北斗七星が描かれた板の小道具を「星繰《ほしぐ》り」と称し、それを見た人物が何かを悟って決意を表わすという演出がほかの芝居でもよく見られ、演出自体をそう呼ぶようにもなりました。

「星繰り」で関兵衛は今月今宵《こよい》のちょうど今の時刻に桜の古木を伐って、斑足太子《はんぞくたいし》(50)の塚に護摩を焚けば天下が取れると確信し、斧《おの》を研いで、ためしに琴をバッサリ切ると、中から血汐に染まる片袖が飛び出し、関兵衛の懐からは勘合の印が飛び出して桜の枝にくっついてしまいます。桜の木を早く伐ろうとしてもふしぎな力によってたじたじとなり、放心状態のところへ桜の空洞《うろ》の中から謎の女が出現します。彼女は撞木町から来た墨染という名の遊女で、あなたに逢いたくてわざわざここまで来たのだからどうぞ情夫《いろ》になってください、と唐突に関兵衛にいい寄るのです。

撞木町は京都の伏見にあった有名な遊郭ですが、墨染は完全に吉原の花魁《おいらん》の雰囲気で、バックの三味線も「清掻《すががき》」という吉原を象徴する独特の演奏になります。平安時代の逢坂の関からいっきに江戸の吉原へとワープするのがいかにも歌舞伎らしいところです。

そこから二人は花魁道中の真似事や花魁と情夫の色模様をたっぷりと見せます。あげく墨染は例の血汐に染まる片袖を、関兵衛がほかの女からもらった起請《きしょう》、要は熱烈なラブレターのようなものだろうと勝手に邪推して、それをきっかけに痴話喧嘩が始まります。一方的になじられる関兵衛は片袖に執着しすぎる墨染の怪しさに気づき、互いに相手の正体の暴き合いになります。かくしてついに関兵衛は「かくなる上は何をか包まん。われこそは中納言家持《やかもち》が嫡孫、天下を望む大伴黒主とは、俺がことだわやい」と、ようやくその正体を明かすのでした。

実在の大伴黒主は謀叛人でも悪人でもなく、大伴という姓が壬申《じんしん》の乱の大友皇子《おおとものおうじ》や(51)応天門の変の伴善男《とものよしお》(52)を連想させ、黒主という名前もイメージが暗いので、どうやら悪人にされてしまったのではないかと想像されます。また大伴家持(53)も有名な歌人だから引き合いに出されただけで、黒主とは全く関係がなく、江戸時代の作者にありがちの洒落っ気に満ちたフィクションであることを念のために断っておきます。

ハイテンションのエンディング

正体を明かした黒主は頭巾を取ってパンク・ヘア風の「王子鬘《おうじかつら》」を現わし、衣裳は「ぶっ返り」という手法で公家の装束になって、手にする斧もいつしかもとの三倍くらいの巨大な鉞《まさかり》と化しています。黒主に扮した役者はさらに鉞に仕掛けた鏡を見ながら迫力のある公家風のメイクにしますが、こうした舞台上で瞬時に大変身を遂げるテクニックも歌舞伎ならではのものといえそうです。

片や墨染は「我は非情の桜木も、人界《にんかい》の生《しょう》を受くれば、七つの情も備って、五位之助安貞殿と契りし事も情なや」と自らが実は墨染桜の精であり、宗貞の弟の安貞と恋仲だったことを打ち明けます。安貞の恋人はもともと本当の遊女でしたが、彼女はすでに殺されて桜木の精が化けていたという設定です。歌舞伎では動物にしろ植物にしろ、人間がいとも簡単に異類と交わるメルヘン的な展開が多いことは、すでに第四章でも触れました。墨染桜の精という正体を現わした女形はこれまた「ぶっ返り」の手法で一瞬のうちに衣裳を変え、頭を振りながら髷《まげ》をつぶして見るからにおどろおどろしい髪形にしていきます。

凡人ならぬ精霊の、業通自在《ぎょうつうじざい》の身も軽く、ひらりひらりひらりひらり、飛交ふ姿は吹雪の桜、霞《かすみ》がくれや朧夜《おぼろよ》の、水の月影手にも取られず、見えみ見えずみ又現れて、今ぞすなわち人界の、輪廻《りんね》を離れて根に帰る、しるしを見よやといふ声ばかり、形は消えて桜木に、春もかくやと帰り花、雪を踏み分け踏みしだき、水にもどれば墨染の、小町桜と世にひろき、あまねく筆に書き残す

右の詞章は非常にアップテンポの曲調となり、黒い公家装束で巨大な鉞を手にした大伴黒主と、薄紅色の衣裳に変わって桜の枝を手に持つ墨染が桜の木をぐるぐる回りながら争うさまを激しい踊りで表わします。黒主は鉞を担いで「六方」を踏んだり、墨染は「海老《えび》ぞり」をしたりして、各人各様の見せ場を作りながら息もつかせぬハイスピード、ハイテンションで踊り抜くこの場面は最大のクライマックスであり（口絵「積恋雪関扉」参照）、またエンディングでもあって、こうしたエンディングは「ちらし」と呼ば

れて、いうなれば「序破急」の急の部分にあたります。女が実は桜の精だったというメルヘン的な展開は西洋のクラシックバレエにも通じて、バレエならグラン・パ・ド・ドゥのコーダ[54]にあたる部分でしょうか。

江戸っ子の洒落っ気

ところでグラン・パ・ド・ドゥでは男性のダンサーが女性のプリマをリフトしたりして常にサポートしながら愛情を表現するのがふつうですが、この舞踊では逆に男女が激しく争うのが印象的で、私はそこがいかにも日本らしくて面白いと思っています。エンディングに至る直前には墨染と関兵衛が痴話喧嘩の模様を見せて、正体を現わした二人の争いが、その延長線上にあるのもまた重要なポイントでしょう。

第二章で取りあげた『廓文章』でも夕霧と伊左衛門の痴話喧嘩が一つの見せ場となっていたように、痴話喧嘩＝「口舌事《くぜつごと》」は日本の近世芸能のみならず文芸においても欠かせない要素でした。たとえば実際の吉原では、花魁が客にわざと喧嘩をしかけるのも手練手管の一つだったとされており、一般庶民の間でも「夫婦喧嘩は犬も喰わぬ」といわれて愛情の逆表現と見られたためか、江戸の戯作にはその手の描写が極めて多く、『世界の幕なし[55]』という元旦の夫婦喧嘩だけを描いたばかばかしい作品まで出版されたほどなのです。

日本人は元来照れ性な民族なのか、現代でも面と向かって相手に「アイラブユー」というのは苦手とし、その代わりに男女が互いに相手をからかってみたり、ちょっとした意地悪をいったり、喧嘩し合ったりしながら仲良くなっていくという遠回りな攻略法を好む人が多いのではないでしょうか。そうした民族性の上に花開いたのが「口舌事」の文化でした。

エンディングに至る直前に、墨染と関兵衛は廓話をして花魁と情夫の「口舌事」をたっぷりと見せます。そしてその痴話喧嘩がしだいに妄想的にふくらんで、ついには平安朝を舞台にした大げさな争いにまで発展してゆくようにも見えるところが『関の扉』の醍醐味《だいごみ》であり、それこそがまた大いに江戸っ子の洒落っ気を反映したものともいえそうです。

江戸時代のピークに咲いた大輪のあだ花

『重重人重小町桜』にはこのあとのストーリーもあったようですが、実際には恐らく舞踊の場面で華やかに終演したものと想像されており、芝居全体ではなく大切り所作事の『積恋雪関扉』だけが今日に残されました。その結果、ストーリーはわかりづらいものの、当時の歌舞伎の雰囲気を今に伝える好演目として人気があります。

したがって初演された天明四年（一七八四）という年についてもここで特筆すべきで

しょう。すでに東北地方では大飢饉《だいききん》(56)が起こり始め、浅間山の大噴火があった直後であり、生活の困窮と社会不安が増大して時の老中田沼意次《おきつぐ》(57)が怨嗟《えんさ》の的とされ、この年は意次の息子意知《おきとも》が江戸城内で斬り殺される事件が起きて、庶民はそれに快哉《かいさい》を叫んだといわれています。そして三年後の天明七年には江戸や大坂で大暴動が起きて幕府の存亡にも関わる危機的状況に陥ったため、松平定信《さだのぶ》(58)が登場して寛政の改革を行なうことになります。それまでの田沼政権下では商品経済が活発になり、大都市の町人が勢いを増して、いわばバブル景気に沸く中で、上方の並木正三や五瓶らはかなりの資力を投じてダイナミックな装置を用いた大がかりな芝居が上演できたのでした。

いっぽうで、田沼意次という自身の才能で一代の立身出世を遂げた人物が政権の座に就いた時代には、初代中村仲蔵や三代目瀬川菊之丞といった、これまた一代で下積みから大スターにのし上がった名優が活躍できたのも何やら頗《すこぶ》る暗示的で、そこに当時の世相を偲《しの》ぶこともできそうです。

続く寛政の改革によって世間は極端な緊縮ムードに陥り、当然ながら歌舞伎は以前ほど振るわなくなります。その後また文化・文政期にはバブル期の再来のような形で蘇《よみがえ》ることになりますが、天明期は一つのピークだったといってもいいでしょう。天明四年に初演された『積恋雪関扉』はまさにバブル崩壊直前に狂おしく咲いた大輪のあだ花でもあったのです。

歌舞伎の舞踊はこのあと複雑なストーリーを背景にした舞踊劇としてはあまり発展せずに、ドラマとは切り離した形で独立して上演する方向に進みます。文化・文政期には三代目中村歌右衛門と三代目坂東三津五郎《みつごろう》[59]が「変化物《へんげもの》」と呼ばれる、一人で何役も早変わりで演じる舞踊を競って見せるようになりましたが、これは全くの新機軸ではなく元禄期に水木辰之助が演じた「七化け」以来の伝統に則ったものにすぎません。ただ「変化物」は一つひとつの踊りが短い小品として完成されているために上演がしやすく、たとえば『鷺娘《さぎむすめ》』[60]や『藤娘《ふじむすめ》』[61]、『汐汲《しおくみ》』[62]、『越後獅子《えちごじし》』[63]、『供奴《ともやっこ》』[64]といった、現代の私たちがいかにも日本舞踊らしいものとしてよく目にする作品の多くが、もとは「変化物」の一部として初演されていたことを指摘しておく必要があるかもしれません。

さらにまたドラマから切り離された舞踊の中からは祭礼の様子や年中行事、物売りや雑芸人の生態など、市井のさまざまな風俗をスケッチした作品が次々と生まれていきます。それらは当時としてはリアルな面白さがあったのでしょうが、現在ではそれのどこがリアルな描写で、どこが美化された表現なのか、演者でさえ判別して理解している人は稀《まれ》だろうと思われます。正直いって、この手の舞踊の限界はそこらあたりにもありそうです。

『積恋雪関扉』は歌舞伎が本来ドラマと舞踊を混在させた演劇として発展してきた中で、頂点に位置づけられる作品と断言できます。ただし舞踊は古今東西を問わず、個人の才能や魅力によって支えられる側面が非常に大きいために、だれしもがこの作品を踊って素晴らしいと感じさせられるわけではないことを、蛇足ながら付け加えておく必要があるかもしれません。

第九章
和製ホラーの女王——『東海道四谷怪談』

「貞子」以前の最強キャラクター

『東海道四谷怪談』はあまりにも有名ですが、念のためにストーリーのあらましを書いておきましょう。

貧しい浪人の身になった民谷《たみや》伊右衛門は、過去の悪事を義父にとがめられ、妻のお岩は実家に戻っていました。彼はお岩とよりを戻したいために義父を殺害し、自分がその仇討ちをしてやるとお岩を騙します。いっぽうで彼は裕福な武家の娘お梅《うめ》に惚れられて、娘の祖父である伊藤喜兵衛《きへえ》からも気に入られます。再び一緒に暮らすようになった伊右衛門とお岩ですが、産後の回復が思わしくなく、顔色も冴《さ》えない妻に、夫はしだいに愛想を尽かしていきます。おまけに伊藤家から贈られた薬を飲むと、お岩の顔は醜く崩れてしまいました。貧乏暮らしに嫌気がさした伊右衛門は、伊藤家が毒薬を飲ませたと知りつつも、お梅との縁談を承知します。夫の裏切りと伊藤家の悪事を知って、怨みながら死んでいくお岩。やがてその亡霊が伊右衛門や伊藤家にまとわりついて、次々と人が死んでいき、ついには……。

この芝居では、伊右衛門夫婦の話と並行して、お岩の妹であるお袖《そで》と彼女に横恋慕した直助権兵衛《なおすけごんべえ》をめぐる話も描かれるのですが、この章では一応お岩と伊右衛門の筋に絞って話を進めます。

私は歌舞伎の中でもっともポピュラーな演目が、実はこの『四谷怪談』なのではないかと思っています。『忠臣蔵』や『勧進帳《かんじんちょう》』(1)がピンとこない人でも、『四谷怪談』が「お岩さん」の話だということくらいはご存知ではないでしょうか。「貞子」(2)以前に、日本のホラーを代表する最強のキャラクターといえば、やはりお岩さんをおいてほかにありません。

共演者をも怖がらせたお岩

さてその『四谷怪談』を考えていく上で、どうしても押さえておかなければならない三人の重要な人物があります。まず一人目は、お岩さんの役を初演した三代目尾上菊五郎(3)という役者です。

三代目菊五郎は、生涯に九度もお岩役を演じた記録があり、初演後すぐに再演を試みています。今では歌舞伎は同じレパートリーを繰り返し上演していて、一人の役者が同じ芝居を何度もやるのは当たり前のようになっていますが、当時としてはかなり異例のことです。江戸時代の歌舞伎は新作が建前で、かりに似たパターンの役であっても、新作として演じることのほうが断然多かったからです。しかし菊五郎はお岩役を九度演じて『四谷怪談』というタイトルもほとんど変えなかったくらい、この芝居で当てた人なのでした。

彼は大変な美男子だったといわれています。もともとは建具屋の息子から役者の養子になった人で、鏡を見ながら「俺はなんていい男なんだろう」とつぶやき、周囲の人は本当にそうだと思った、などというエピソードも伝わっています。(4)

彼の演じたお岩がいかに怖かったかについても、いろいろな話が残されています。伊右衛門役を初演した七代目市川團十郎は舞台で怖くてお岩の顔をまともに見ることができず、それで注意を受けたとか。四度目の上演で伊右衛門を演じた二代目関三十郎《せきさんじゅうろう》(5)はあまりの恐ろしさに、病気になって途中休演してしまったなどなど。(6)

あるとき菊五郎が楽屋で弟子の小《お》の蔵《ぞう》に、「（自分のお岩が）怖いか」と尋ねると、「毎日のことですから、別に怖くありません」と答えた。そこで菊五郎はそっと物陰に隠れていて、暗がりから突然バッと現われたので、小の蔵は目を回して失神してしまったという話もあります。(7)

菊五郎としては「怖くない」といわれてしまうとやりにくいので、弟子を脅かさずにはいられなかったのでしょう。やはり「怖い」ことが、このお岩の役では本来的にとても重要だったのです。

お化けと幽霊の違いを聞かれた菊五郎は、「お化けは心易《やす》く、幽霊は心苦しく」演じるべきだと答えています。(8)「死ぬ時に十分怨みの残る事を大切に」演じるのが幽霊なのだともいいました。お岩は大変理不尽な目に遭って、怨み死にするわけで、怨みをしっかり表現すること、そして怖くなくてはいけないということが、やはりこの役の根本でしょうか。

トリックの凄さが大評判に

もう一人、『四谷怪談』で忘れてはならないのが初代尾上松助《おのえまつすけ》[9]という役者です。三代目菊五郎の養父にあたる人で、「仕掛け物」の名人でした。「仕掛け物」は、今ならデビッド・カッパーフィールドやプリンセス天功がやるトリックとかイリュージョンのようなものと思ってもらっていいかもしれません。初代松助はそれを非常に得意としていて、たとえば骸骨から人間になるとか、水中で早替わりをするといった舞台を見せていました。骸骨から人間になるという芸は、現代の歌舞伎にも「骨寄《こつよ》せ」[10]という名の演出として残っています。

ところで江戸時代は夏場はふつう大劇場を閉めて、役者が夏休みに入ったものですが、若手や少しマイナーな役者たちがその期間を利用して、何か実験的な芝居や奮闘公演をするような動きも出てきます。近年でも二八《にっぱち》（二月、八月）といって観客が少なくなるとされる八月には若手中心の公演がよくあります。陰暦では六月が真夏にあたり、多くの役者が休んでいた中で、松助が六月に夏狂言として見せた『天竺徳兵衛韓噺《てんじくとくべえいこくばなし》』[11]が興行的に大ヒットしました。

この芝居で彼は蝦蟇蛙《がまがえる》から人間になったり、ドブンと水槽に飛び込んで、ぱっと早替わりして今度は花道から出てくる、というようなトリックを演じます。第六章でも触れたように、本水を使った水からくりのような芸は歌舞伎の初期からあったのですが、松助はいわばそれのイリュージョン的な要素をバージョンアップさせたわけです。

松助は鬘の生え際をリアルに見せる工夫も開発したようで、三代目菊五郎は彼の養子ですから、その種のノウハウをいろいろと持っていたにちがいありません。

当時の仕掛け物ばかりを集めて、タネ明かしをした『御狂言楽屋本説《おきようげんがくやのほんせつ》』(12)という本がありますす。これには『四谷怪談』の「髪すき」の場面や「戸板返《といたがえ》し」、「提灯抜《ちようちんぬ》け」が図入りでしっかり説明されていて、ほかにも「ろくろ首」や幽霊が人を招き寄せる「連理引《れんりびき》」の仕掛けなどが載っています。中でも凄いのは「火炎首《かえんくび》」で、火がついた車輪の中にある生身の人間の顔が舞台の上で回転するという仕掛け。この手の本が出版されるほど、トリックやイリュージョン的なものが一時期非常に流行ったわけで、初代尾上松助がパイオニアとなり、それを養子の三代目菊五郎が受け継いでいったのでしょう。

歌舞伎というものを西洋的な概念での「古典劇」として扱いにくいのは、こうした側面があるからです。西洋の古典劇は、十九世紀にもなって、こんなばかばかしいことはしません。古典劇ならきちんと整理されて、もっと高尚なものになるはずなのに、歌舞

◆歌舞伎の意匠◆

【戸板返し】といたがえし

▶二代目　関三十郎の伊右衛門

三代目　尾上菊五郎のお岩（左）と小平（右）◀

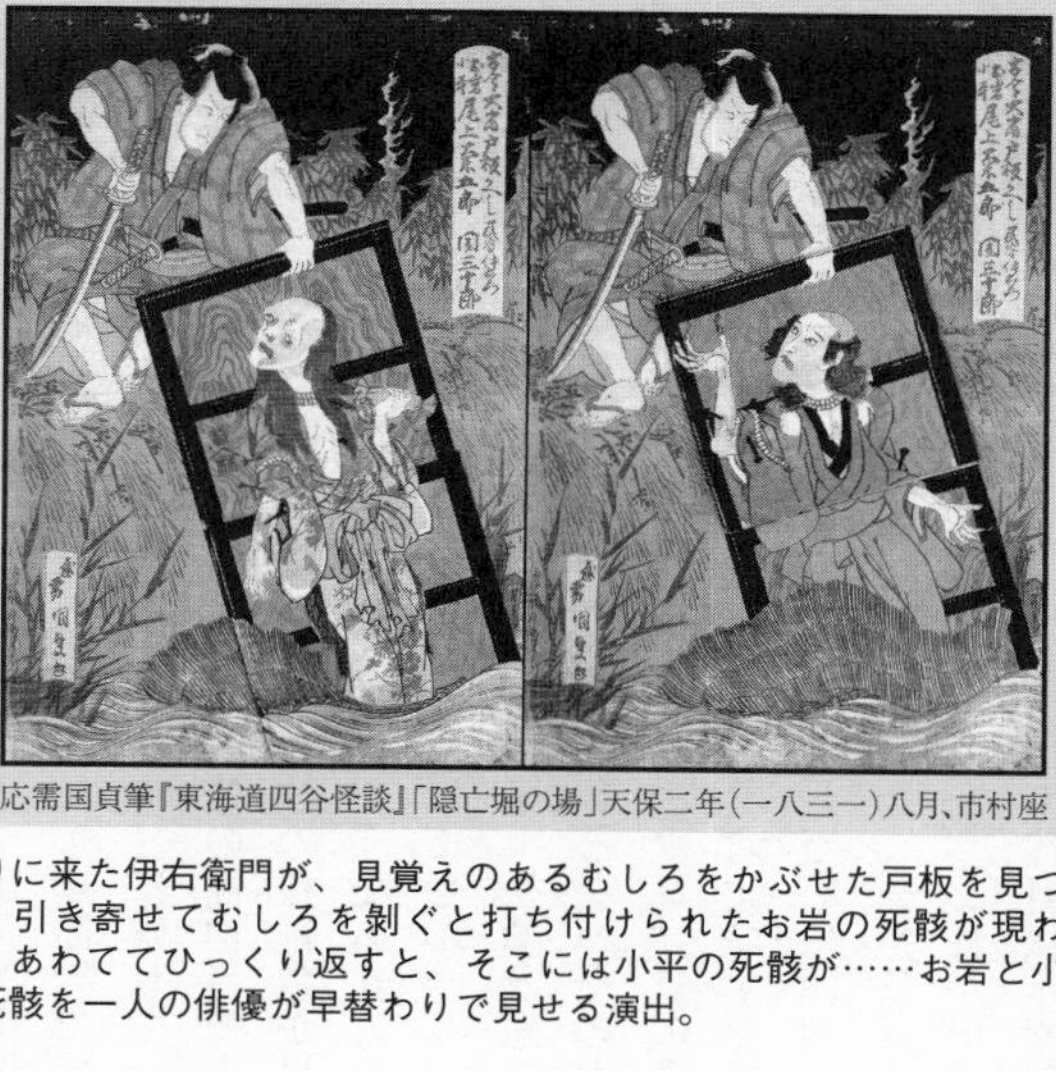

応需国貞筆『東海道四谷怪談』「隠亡堀の場」天保二年（一八三一）八月、市村座

釣りに来た伊右衛門が、見覚えのあるむしろをかぶせた戸板を見つける。引き寄せてむしろを剝ぐと打ち付けられたお岩の死骸が現われる。あわててひっくり返すと、そこには小平の死骸が……お岩と小平の死骸を一人の俳優が早替わりで見せる演出。

火炎首（右）とそのからくり（左）。穴から顔を出す人は、車軸に手をかけて車輪の中で踏んばり、別の人が綱で車輪を回す仕組みになっている（『御狂言楽屋本説』より）

伎は決してそうはならなかった。エンターテイメント要素をなんでもかんでも無節操に取り込んで、それを今日に残しているという点が歌舞伎の面白さであり、そうしたある種の猥雑《わいざつ》さが日本では芸能のまっとうなあり方だといえるのかもしれません。

　初代尾上松助と組んで一躍人気狂言作者となったのが、三人目のキーパーソン、この芝居の作者、四世鶴屋南北[13]です。長い修業時代を経てしだいに頭角を現わし、先に触れた『天竺徳兵衛韓噺』で松助と提携。これが出世作となり、さらに五代目松本幸四郎[14]、五代目岩井半四郎[15]といった名優たちと組んで、数々のヒット作を生みだしました。『四谷怪談』は彼がもうかなり年をとってから、松助の養子である三代目菊五郎のために書き下ろした芝居なのです。

南北には次のような伝説があります。『天竺徳兵衛』のトリックの凄さにキリシタンバテレンの妖術ではないかという噂《うわさ》が立ち、町奉行所の捜査が入る。むろん容疑はすぐに晴れて、舞台の評判はますます上がったけれど、これがどうもヤラセだったらしい。この実説は定かではありませんが、『四谷怪談』の初演に先立っても、女の生首が振袖をくわえた凧を劇場の屋根に飛ばしたという伝説もあるので、広告代理店的なセンスを兼ね備えた才人だったようです。南北はそしてまた、江戸歌舞伎の作劇法を新たにした人でもありました。

『忠臣蔵』との関係は？

初演の『四谷怪談』は、二日にわたって『仮名手本忠臣蔵』と一緒に上演されています。初日はまず『忠臣蔵』の最初から六段目「勘平切腹の場」までをやって、そのあと『四谷怪談』の前半三幕までを見せた。二日目は『忠臣蔵』の七段目以降を、最後の討ち入りまでやってから、この芝居の後半を見せるというやり方で、それぞれの芝居をわざと半分ずつに切り離して上演したのです。

そのこともあって『四谷怪談』という芝居は『忠臣蔵』の外伝のような位置づけで書

◆『東海道四谷怪談』の人物関係図◆

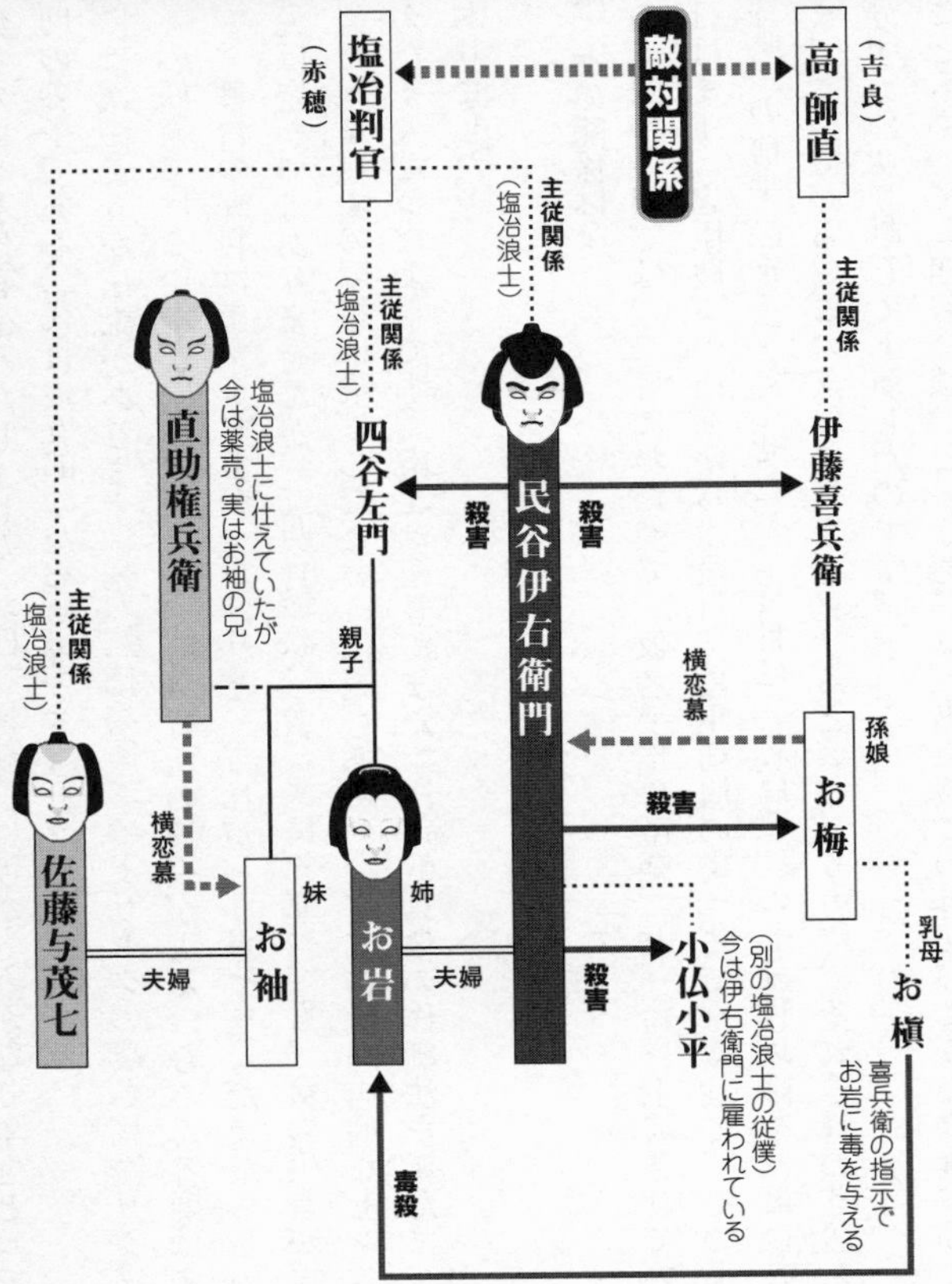
敵対関係
塩冶判官
（赤穂）
高師直
（吉良）
主従関係
（塩冶浪士）
主従関係
（塩冶浪士）
主従関係
主従関係
（塩冶浪士）
直助権兵衛
塩冶浪士に仕えていたが
今は薬売。実はお袖の兄
四谷左門
民谷伊右衛門
伊藤喜兵衛
殺害
殺害
親子
横恋慕
孫娘
お梅
殺害
横恋慕
佐藤与茂七
お袖
お岩
妹
姉
夫婦
夫婦
殺害
小仏小平
（別の塩冶浪士の従僕）
今は伊右衛門に雇われている
乳母
お槙
喜兵衛の指示で
お岩に毒を与える
毒殺

かれています。民谷伊右衛門は実は塩冶の浪人、つまり赤穂浪士だという設定になっているのです。ラストで、伊右衛門はお袖の夫である佐藤与茂七《よもしち》に討たれるのですが、この与茂七とは四十七士の一人、矢頭右衛門七《やとうえもしち》(16)のこと。ラストシーンで雪が降るのは、『忠臣蔵』の討ち入り風景と重ねているわけです。

では赤穂浪士を『忠臣蔵』でなぜ塩冶の浪人にするのかといえば、『忠臣蔵』そのものが、『太平記』という物語を背景にして、その時代に移し変えられているからだということはすでに第五章で触れました。芝居の背景となる物語を「世界」と呼ぶことも第一章で述べています。

伊右衛門は『忠臣蔵』の世界の住人、塩冶の浪人として描かれており、お岩さんに毒を与える伊藤喜兵衛という武士は高師直すなわち吉良家の用人に設定されています。つまり全体が『忠臣蔵』を踏まえて成り立っているストーリーなのです。

そもそも『忠臣蔵』でさえ、だれでも知っているわけではない現代においては、この部分がわかりにくいかもしれません。逆にいうと江戸時代の人びとは、全く架空のキャラクターよりは、何か自分がよく知っている話の中の人物が出てくるほうが、芝居に入っていきやすいという精神構造だったのです。

人物がワープする江戸歌舞伎

南北は『謎帯一寸徳兵衛《なぞのおびちょつととくべえ》』という『四谷怪談』と非常によく似た芝居を以前にも書いています。こちらは『忠臣蔵』ではなく『夏祭浪花鑑』の世界を背景にしているので、伊右衛門とよく似た役は団七、お岩にあたる人は『夏祭』に団七の女房として登場するお梶《かじ》になっています。お梶は幽霊の姿にはならないけれど、夫に父を殺された上に、虐待に遭うというストーリーはほぼ一緒です。

江戸時代の話を別の時代のものとして描くというやり方は、先ほど述べたように、一つにはお上の目をごまかすためだったのでしょうが、それとは別に、好んでその手法を使っていた側面もあったのではないかと思われます。そしてそれは南北の専売特許ではなく、かなり早くから行なわれていて、ことに江戸の歌舞伎に顕著でした。

十八世紀の初頭、宝永五年（一七〇八）に上演された『中将姫京雛《ちゆうじようひめきようびいな》』(17)という作品があります。中将姫という古代のお姫さまが主人公の芝居。有名な婦人薬の名前のもとにもなった伝説の姫君です。そのお姫さまが人買いにさらわれて八百屋お七《やおやしち》(18)になってしまうというストーリーで、八百屋お七は十七世紀の江戸で放火事件を起こした娘ですから、キャラクターが古代から江戸時代にワープしていることになります。

また、第一章で紹介した二代目團十郎は、もともと上方の心中物として知られていた

「揚巻助六」の話を曾我兄弟の仇討ち話＝「曾我物語」の世界に入れ込みました。これが今日もよく上演される『助六』(19)の原型です。二代目團十郎はほかにも『開闢《かいびゃく》月代《げんぷく》曾我《そが》』という芝居に近松の『曾根崎心中』を取り込んで、『曾我崎心中』としますが、この話では『曾根崎』の主人公平野屋徳兵衛《とくべえ》が、実は曾我五郎の設定です。上方の世話物を取り込むときに、曾我の世界に移すということが、江戸では十七世紀初期から行なわれていたのです。

　今に残る江戸歌舞伎の古い台本を読むと、キャラクターの名前がだれかの名前にちょっと似ているだけで、話もビュンとそちらに飛んでしまうような例が見受けられます。全く関係ない人物を、語呂合わせのような形で強引につなぎ合わせて、「実は○○であった」と芝居をどんどん転がしてしまう。江戸では上方歌舞伎の「実は」とはまた別種の「実は」が理屈抜きに使われていたのです。

　登場人物が時代や場所を超えてワープするような芝居の作り方がなされたのは、初期の江戸歌舞伎がレビュー的要素の強いものだったからではないかと思われます。レビューではストーリーよりも、ここでこういう格好の人物を出したいというようなイメージが優先され、キャラクターもバラエティーに富んでいるほうが断然面白いわけで、そのためにキャラクターがワープするような芝居作りが盛んだったのではないでしょうか。

物語をより合わせるドラマ作り

レビュー的な要素が強く、いろいろな物語を詰め込むという芝居作りが盛んだった江戸の歌舞伎に、上方流の作劇術を持ち込んだのが第七章で取りあげた『山門』の作者、並木五瓶でした。上方から移り住んだ五瓶による、リアルで合理的なドラマ作りの影響がだんだん江戸でも見られるようになっていきます。いっぽうで江戸から上方に行って作劇を学んだ桜田治助《さくらだじすけ》(20)という作者もいて、物語＝世界をいろいろ組み合わせた上で、なおかつドラマとして面白い芝居が、江戸でも作られるようになるのです。治助が先鞭《せんべん》をつけた作劇術は、治助の門下生であった鶴屋南北の段階で一つの完成をみます。これが「綯《な》い交《ま》ぜ」と呼ばれる手法です。

「綯い交ぜ」の「綯い」は「縄を綯う」意味と同じです。つまりいろいろなものがねじりあいながら一つになっている状態で、紅白がより合わさった縄を思い浮かべていただくといいかもしれません。それによって両方の色が同時に目に入ってきます。南北は綯い交ぜを非常に得意とした作者で、いくつもの世界を複雑に重ね合わせた芝居をたくさん書いています。

近年よく上演される南北の傑作に『桜姫東文章《さくらひめあずまぶんしょう》』(21)があります。そこでは子どもを人買いにさらわれて殺された母親の話である隅田川伝説と、僧侶の清玄《せいげん》が美しい姫に迷って転落していくという清玄桜姫の世界が綯い交ぜになっています。

『四谷怪談』も綯い交ぜの手法で書かれているといえるかもしれません。伊右衛門とお岩は古くから語り継がれていた伝説の名前で、江戸初期に夫の浮気で錯乱したあげくに死んだ妻がその家に祟《たた》るようになったと噂された事件。いわば「都市伝説」の伊右衛門お岩の世界と『忠臣蔵』の世界の二つが入り組んでいると考えることもできます。

等身大の幽霊が登場

さて『四谷怪談』の舞台に戻りましょう。初演された当時の人にとって、この芝居の何がそんなに怖かったのだろうと、私なりに考えた結果、それは日常的なリアリティではなかったのかという気がします。冒頭でちらっと触れた、近年小説の映画化が大ヒットした『リング』の貞子の恐ろしさは、なんといってもそれがテレビの画面から抜け出してくることでした。何気ない日常の一部であるテレビやビデオから（幽霊のような存在が）出てくるという設定が画期的だったのです。

お岩さんの芝居でいちばんのクライマックスとなる「髪すき」の場面には、人の神経を苛《さいな》むような怖さがあります。毒を飲まされたと知ったお岩は怒り狂って、夫を奪った相手の家に出かけようとします。そのとき崩れた顔であるにもかかわらず、せめて女らしく身だしなみをしようとし、「鉄漿《かね》（お歯黒）なとつけて髪もすきあげ」と精いっぱいきれいに見せようとする。産後は脱毛が激しいので髪もあまり洗ってはいけないとされるのですが、生まれたばかりの赤子を抱えるお岩が髪をすくと、やはりというべきか、毛がざあっと抜け落ちていく(口絵「東海道四谷怪談」参照)。そこがなんともリアルで痛ましいのです。

髪すきの場面は、桜田治助が書いた『大商蛭小島《おおあきないひるがこじま》』(22)という芝居にもありました。有名な「黒髪」(23)の曲が初めてBGMに使われた作品で、その後に南北が『阿国御前化粧鏡《おくにごぜんけしようのすがたみ》』(24)という作品を書いて、これがお岩さんの髪すきのルーツといわれています。阿国御前とは国元にいる大名の側室のことで、彼女が嫉妬に狂って髪をすくと、毛が大量に抜け落ちてしまう場面があります。余談ながら、『リング』の映画版でも、貞子の黒髪が恐怖を増幅させていました。お岩さんの髪すきがイメージのもとではないかと私はにらんでいます。

『四谷怪談』では、蚊帳まで質屋に入れてしまうほど貧乏な暮らしの上に、お岩は産後まもなく体をこわしている状態で、夫にドメスティック・バイオレンス、虐待を受ける。傍らでは生まれたばかりの赤ちゃんがギャーギャー泣いているし、蚊帳がないために焚く蚊やりの煙がむせかえるばかりに漂っているような陰惨な雰囲気が、彼女を精神的にどんどん追い込んでいく感じがします。いっぽうで、男が貧乏に負けていく様子も十分にリアリティを感じさせます。伊右衛門のように傘張りをする浪人の貧乏暮らしは、当時の観客が日常的に目にするであろう光景でした。

日常のリアリティを徹底的に積み重ねていく描写が根底にあるからこそ、この芝居は怖いのではないでしょうか。写実を追求し、当時の頽廃的《たいはいてき》な世相や貧乏な生活をまざまざと浮かび上がらせるこうしたドラマ作りは南北が開拓したもので、「生世話物《きぜわもの》」と今日に呼ばれています。

お化けや幽霊が出てくる歌舞伎は、元禄の昔からたくさんありましたが、たぶんそれほど怖いものではなかったでしょう。この『四谷怪談』で初めて、現代の「ホラー」に近いものが成立したといえるかもしれません。なぜならここで初めて、観客にとって等身大の幽霊が出てきたのです。なまなましいリアリズムに基づいているからこそ、それは本当に「怖い」ものだったはずです。

『東海道四谷怪談』は大ヒットして、その後も新しい工夫を盛り込みながら、怖さをバージョンアップする形で何度も繰り返し上演されました。そして歌舞伎以外でも舞台化され、映画化もされて、日本におけるホラーの原点として生き残っています。

第十章
幕末版「俺たちに明日はない」——『三人吉三廓初買』

破滅へと向かう主人公たち

『四谷怪談』の鶴屋南北に続いて、江戸の歌舞伎を代表する狂言作者をもう一人紹介しましょう。幕末から明治にかけて活躍した河竹黙阿弥《かわたけもくあみ》(1)です。江戸時代は二代目河竹新七《しんしち》を名乗り、黙阿弥と改名したのは明治以降なのですが、ここでは黙阿弥で話を進めます。

歌舞伎はもちろん最初から古典芸能だったわけではなく、これまで見てきたように、絶えず時代の流行を取り入れて、新作を生みだしながら生き続けてきました。その最後を華やかに飾った人がこの河竹黙阿弥といえるかもしれません。

坪内逍遙(2)は彼を一人の作家でありながら、前時代の蘊蓄《うんちく》を兼ね備え、最後に集大成した人物として「江戸演劇の大問屋」と評しました。(3)彼は明治の中ごろまで書き続けて数々の名作を残したばかりでなく、現在の歌舞伎に非常に大きな影響を与えた人ですが、まずは代表作の一つ、『三人吉三廓《さんにんきちさくるわの》初買《はつがい》』のストーリーを少し詳しく見ておきましょう。

この作品は黙阿弥が四十五歳、脂が乗り切った時期に書かれ、本人自らつねづね「最も心を尽くせし作」と語っていたといわれます。「月も朧に白魚《しらうお》の……」の名ゼリフでも知られる芝居で、文字通り三人の「吉三」と呼ばれる盗賊が主人公として活躍します。

幕が開くとまず、夜鷹《よたか》と呼ばれる街娼《ストリートガール》のおとせが、お客の忘れていった百両のお金を親切心から届けようとして登場します。おとせは大川端《おおかわばた》で一人の女性に道をたずねられ、親切に案内していたら、一瞬にして川に突き落とされてしまう。女性だと見えたのは、実は女装の盗賊お嬢吉三《じょうきちさ》で、おとせから百両の金を奪って彼女を川に落としたところで、満足そうに「月も朧に……」のセリフをいいます。これをたまたま目撃した侍崩れのお坊吉三《ぼうきちさ》がその百両の金をよこせとお嬢に迫り、両人の争いを止めに入ったのが、坊主崩れの和尚吉三《おしょうきちさ》でした。和尚の気風《きっぷ》のよさに惚れ込んだ二人は逆に意気投合して、三人で義兄弟の契りを結び、百両は礼金としていったん和尚の手に渡ります（口絵「三人吉三廓初買」参照）。

川に落ちたおとせが助けられてわが家に戻ると、そこには金を忘れていった客の十《じゅう》三郎《ざぶろう》がいました。彼も勤め先のお金をなくして自殺しようとしたところをおとせの父親土左衛門伝吉《どざえもんでんきち》に助けられていたのです。かくして二人は本気で惚れ合う恋仲に。ところがそうなったあとで、彼らは別れ別れになっていた双子の兄妹だったという残酷な事実が判明します。

いっぽう、土左衛門伝吉は和尚の父親でもあり、和尚は例の百両の金をその父親に与え、こんどはお坊が和尚の父親とは知らずに伝吉を殺害して金を奪ってしまいます。武家に生まれたお坊がこういう斬り取り強盗に転落したのは、家宝の名刀庚申丸《こうしんまる》をかつて

◆『三人吉三廓初買』の人物関係図◆

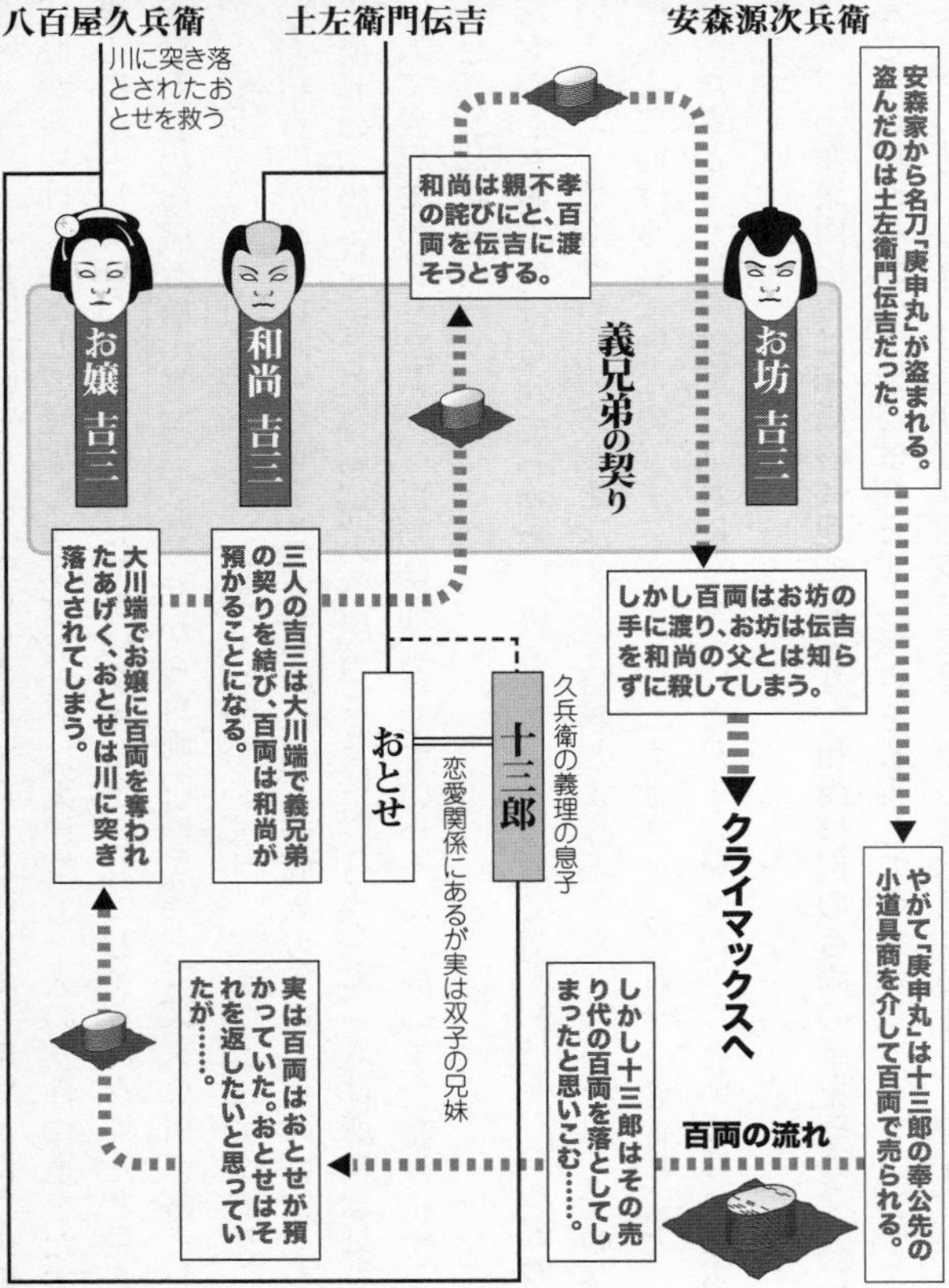
八百屋久兵衛
土左衛門伝吉
安森源次兵衛
川に突き落とされたおとせを救う
和尚は親不孝の詫びにと、百両を伝吉に渡そうとする。
安森家から名刀「庚申丸」が盗まれる。盗んだのは土左衛門伝吉だった。
お嬢 吉三
和尚 吉三
お坊 吉三
義兄弟の契り
大川端でお嬢に百両を奪われたあげく、おとせは川に突き落とされてしまう。
三人の吉三は大川端で義兄弟の契りを結び、百両は和尚が預かることになる。
おとせ
十三郎
久兵衛の義理の息子
恋愛関係にあるが実は双子の兄妹
しかし百両はお坊の手に渡り、お坊は伝吉を和尚の父とは知らずに殺してしまう。
クライマックスへ
やがて「庚申丸」は十三郎の奉公先の小道具商を介して百両で売られる。
しかし十三郎はその売り代の百両を落としてしまったと思いこむ……。
実は百両はおとせが預かっていた。おとせはそれを返したいと思っていたが……。
百両の流れ

盗賊だった伝吉に奪われて家が断絶したからなのですが、図らずも和尚の父親を殺したことで、彼は深く後悔し、お上の追っ手が迫る中で、お嬢とともに自害を決意。再び二人を止めたのは和尚で、畜生道《ちくしょうどう》（近親相姦）に落ちた自分の妹おとせと十三郎をわが手で殺して、お坊、お嬢の身替わりに仕立てました。しかしながらそれも虚《むな》しく、とうとう三人は追い詰められてしまいます。

この作品の面白さは、百両の金があっちに行ったりこっちに行ったりすることでストーリーが展開し、複雑にからみあった人間関係が徐々に明らかになっていく劇構造そのものにあるように思われます。主な登場人物がすべてお金の輪の中に閉じ込められて、そこから一歩も外に出られないふうに見えることで、非常に閉塞感が漂う芝居になっています。最終的にお金の輪の中から出ていこうとした三人は、刺し違えて死ぬことになる。その切ないラストシーンに妙な開放感があるのも印象的で、私はあるときふとアメリカン・ニューシネマの傑作が想いだされて、以来、この作品をよく幕末版『俺たちに明日はない(4)』と解説するようになりました。

小悪党が主役の芝居に

この芝居が初演されたのは一八六〇年、安政七年（万延元年）で、井伊大老が桜田門外でテロに遭った年です。四代目市川小團次《こだんじ》(5)という、小柄で風采はいまいちパッとしないけれど演技派の名優が和尚吉三を演じました。黙阿弥は六年前に小團次と初めて組んだ『都鳥廓白浪《みやこどりながれのしらなみ》』(6)が出世作となり、以来、二人の名コンビは長く続いて「三人吉三」で一つのピークを迎えたのです。

芝居で仕事をするようになってからの黙阿弥は、あまりお酒も飲まない、締切りはきっちり守るという、大変に真面目な人だったようで、そんな真面目な人が幕末期に書いた作品には、盗みや強請《ゆすり》たかりをする小悪党の主人公がよく登場して、その手の芝居を「白浪物《しらなみもの》」と呼んでいます。

白浪とは、『三国志』に出てくる黄巾賊《こうきんぞく》(7)の残党「白波賊《はくはぞく》」に由来した、盗賊を意味する言葉。「三人吉三」はもとより白浪物で、これと並んで今もよく上演されるのは弁天小僧らが活躍する『白浪五人男』(8)(『青砥稿花紅彩画《あおとぞうしはなのにしきえ》』)。彼はほかにもこの手の作品を数多くを手がけて「白浪作者」と呼ばれていました。

同時代人にはまた二代目松林伯圓《しょうりんはくえん》(9)という講釈師がいて、こちらも「泥棒伯圓」と仇《あだ》名《な》され、河内山宗俊《こうちやまそうしゅん》や直侍《なおざむらい》が出てくる『天保六花撰《てんぽうろっかせん》』(10)や『鼠小僧《ねずみこぞう》』(11)の講談で大いに売り出し、黙阿弥はそれらの講談をまた芝居に仕立ててもいます。

このような小悪党を主人公にした芝居や講談が流行ったのは、幕末の頽廃的で刹那的な時代相を反映したからにほかなりません。長く続いた江戸時代にもようやく終焉《しゅうえん》が訪れて、幕府の封建体制が行き詰まり、先覚的な人びとはともかくも、庶民の多くは自らの未来を明確に描けなくなっていたことでしょう。「三人吉三」の芝居全体に漂う閉塞感は、当時の人びとの気分を如実に物語るものといえそうです。

人が悪党になる瞬間を描く

数ある黙阿弥作品の中で、幕末の世相が極めて濃厚に映し出されていると私が思うのは『船打込橋間白浪《ふねへうちこむはしまのしらなみ》』、通称『鋳掛松《いかけまつ》』という芝居の序幕です。主人公は鋳掛屋の松五郎。鋳掛屋とは、ハンダづけの道具などを持ち歩いて鍋や釜に開いた穴を修理してまわる巡回の職人で、昔はどこの町でも見られました。

この芝居の序幕にはまず、両国の広小路で町人にやたらと因縁をつけて金を脅し取ろうとする三人組の侍が出てきます。私は時代小説を書く関係で、当時の町人が書いた日記などを史料として読みますが、幕末の小旗本には本当にその手の悪侍が多かったように思われます。次いで両国橋（劇中では花水橋）に現われた主人公の松五郎は「この諸式（物価）の高いのは貧乏人殺しだ。年寄りじみたことをいうようだが、もう一遍どうか昔のような世の中にしてえものだ」と嘆き、彼の話し相手になってやる紙屑屋《かみくずや》は自分が子どものころ「世の中はまだよかった。その証拠には、昔から見ると今の人間はたいそう小さくなった」と相づちを打ちます。

この芝居が上演されたのは慶応二年（一八六六）。十四代徳川家茂《いえもち》と孝明《こうめい》天皇が相次いで世を去り、公武合体《こうぶがったい》が破綻して、いよいよ歴史の大転換が図られる年には、一般庶民がこうした気持ちでいたことがよくわかります。そして芝居のハイライトは主人公にとって人生の大転換点となる次の場面。

松五郎が両国橋を渡ろうとすると、下の隅田川では羽振りのよさそうな連中が楽しそうに舟遊びをしている。それを見て彼は「横浜《ハマ》ででも儲《もう》けた」に違いないと思います。開国直後の日本ですから、今でいうならグローバル化で儲けた新富裕層でしょうか。そうした連中が浮かれ騒いでいる光景を前にして、「ああ、あれも一生、これも一生」とつぶやいた彼は、いきなり川にドボンと鋳掛け道具を投げ捨てると、俄然《がぜん》そこから悪心が芽生え、ついには泥棒になってしまうのです。

人がガラッと変心するシーンは、今日によく上演される黙阿弥の代表作の一つ『花街《さと》模《も》様《よう》 薊《あざみ》色縫《のいろぬい》』通称『十六夜清心《いざよいせいしん》』[12]にも見られます。遊女と心中をし損なったあげく、過って人を殺した主人公の僧侶清心は、いったん自殺を決意するも、やはり舟遊びの騒ぎを聞きつけ、「しかし待てよ」とつぶやき、「金さえあれば出来る楽しみ、同じことならあのように騒いで暮らすが人の徳」と世の中を完全に見切って、悪事に走るのでした。

真面目に生きてきた人が、ふとしたきっかけで「ああ、もう、やってらんねえや」となる瞬間を黙阿弥はとらえます。こうした人生の転換点は、第七章で取りあげた十八世紀半ばの並木正三や五瓶の時代なら、主人公が出自を知って天下を覆す謀叛人に変身する壮大なストーリーになるところですが、幕末の黙阿弥作品では、もうそういったある意味で立派な主人公は出現しません。登場するのは恵まれない庶民であり、「もう、やってらんねえや」という形で小悪党になっていく、実にリアルな等身大的人間なのです。「悪人」を主人公にするのは歌舞伎のいわば伝統的な得意ワザで、初期は没落した金持ちの「困り者ヒーロー」のような存在から、スケールの大きな謀叛人になり、男の意地で殺人を犯す侠客などもいて、さまざまな「悪人」が描かれてきましたが、最終的には勧善懲悪的なストーリーになったとしても、歌舞伎の中で魅力的なのは常に「悪人」、つまり世間からはみだした人たちでした。

そして幕末には黙阿弥が「俺たちに明日はない」的なヒーローをたくさん生みだして大当たりします。現代であれば、派遣切りで職を失った人たちが主人公になるようなドラマ。行き場のない人間たちの姿に、当時の観客がそれなりに共感できたからこそ、黙阿弥の芝居はヒットしたのだと思います。

文明開化の時代を取り込む

時代は江戸から明治へと移り変わります。時代の空気が変わると、芝居にも前向きなものが強く求められるようになって、黙阿弥は「散切物《ざんぎりもの》」と呼ばれる現代物を手がけています。「散切頭を叩いてみれば、文明開化の音がする」といわれた明治の新しいヘアスタイルが散切で、散切物とは、文明開化の風俗を積極的に取り込んだ世話物でした。その一つに明治十八年（一八八五）に初演された『水天宮利生深川《すいてんぐうめぐみのふかがわ》』という作品があります。「筆屋幸兵衛《ふでやこうべえ》」または「筆幸《ふでこう》」とも呼ばれる芝居で、明治維新に没落した士族が主人公です。いわゆる武家の商法で失敗し、家族を抱えて筆売りをしながら生計をたてる主人公が、貧乏に追い詰められ、一時的精神錯乱を来して投身自殺を図るも、助けられて正気に戻り、人びとの慈善によって救われるというストーリー。助けたのは人力《じんりき》車夫《しゃふ》であり、幸兵衛を説諭する巡査も登場して、当時の新たに生まれた職業が理想的に描かれています。

こうした散切物による新たな世相の反映で活路を見いだそうとした黙阿弥ですが、いっぽうでは「新派《しんぱ》」(13)と呼ばれる演劇の台頭などもあって、歌舞伎は芸能の最前線を歩み続けることがだんだん難しくなる中で、結果として古典化の道を辿ることになります。黙阿弥はそれまでにあった数多くの台本を整理することで、歌舞伎を古典演劇として定着させることにも尽力しました。

七五調の功罪

ところで、リズミカルな七五調のセリフは、黙阿弥作品の大きな魅力でもあります。一例として、「三人吉三」でお嬢吉三がおとせを川の中に突き落として金を奪った直後のあの有名なモノローグ「月も朧に……」を取りあげてみましょう。

月も朧に白魚の篝《かがり》も霞む春の空、
冷てえ風も微酔《ほろよい》に心持よくうかうかと、
浮かれ烏《がらす》のただ一羽塒《ねぐら》へ帰《けえ》る川端《かわばた》で、
棹《さお》の雫《しずく》か濡手《ぬれて》で粟《あわ》、
思いがけなく手に入る百両、
ほんに今夜は節分か、
西の海より川のなか落ちた夜鷹は厄落《やくお》とし、豆沢山《だくさん》に一文の銭《ぜに》と違って金包み、
こいつぁ春から縁起《えんぎ》がいいわえ

意味はよくわからなくても、耳に心地よく聞こえるセリフですが、歌舞伎というと芝居がすべてこうした七五調のセリフで成り立っているように思われる方も多いのではないでしょうか。たしかに現代の歌舞伎は黙阿弥以降に整理された多くの台本が古典として定着した結果、全体として七五調に傾いたきらいがあります。しかしながらたとえば南北の作品などは、黙阿弥作品ほど七五調の美文には支配されず、もっと日常的でリアルな感じのセリフが圧倒的に多いのです。

日本初の大劇作家ともいうべき近松門左衛門はこうした七五調にはかなり批判的で、和歌や俳諧のように「五字七字等の字配り」をすれば、「おのづと無用のてには多くなる」とし、「自然と詞《ことば》づらいやしく聞ゆ」と考えていたようです。(14) 日本語は七五調にしたらとても耳ざわりがいいけれど、その分肝腎の内容が聞き流されてしまう危険性をはらんでいることに、近松は早くも気づいていたのでした。これは凄いことだと私は思っています。

以前、翻訳家の松岡和子さんから興味深いお話をうかがいました。シェイクスピアの戯曲には、「ブランクヴァース（blank verse＝無韻詩）」と呼ばれる弱強弱強のアクセントを意識した文体がよく使われています。なぜそれをシェイクスピアが多用したかというと、役者がセリフを憶《おぼ》えやすかったからではないかと松岡さんは指摘なさるのです。

歌舞伎にも同じようなことがいえるかもしれません。黙阿弥は、「座元に親切、役者に親切、お客に親切」な芝居を書くという三親切をモットーにしていた作者でもありました。七五調のセリフは役者にとっても憶えやすいというメリットがあったのではないかと推測されます。急速な時代の変化の中で、過去の時代の登場人物を演じる役者は、もしセリフを忘れたら、即興で作ってごまかすのが難しくなります。だからこそ七五調のメリットが大きくなったのではないでしょうか。

ただ七五調は功罪相半ばして、すでに述べたように、耳に心地よくサラサラと聞ける分、内容が流れてリアルに感じられない憾《うら》みがどうしてもあります。つまり黙阿弥以降、歌舞伎のセリフは決定的にリアルさを失っていったともいえるのです。そしてセリフ術もまただんだん「歌う」ような方向に流れてゆきます。

もっとも「歌う」(16)といっても、大正から昭和にかけての名優、十五代目市村羽左衛門(15)や六代目尾上菊五郎の録音を聴くと、現代の歌舞伎役者よりずっとリアルなセリフ回しで、かつテンポも速いことに驚かされます。七五調のセリフにはBGMである下座の演奏が欠かせませんが、十五代目や六代目は下座を巧く操るようにして緩急のメリハリをつけ、内容があまり流れずにしっかりと耳に残ります。役者はちゃんと意味をわかってセリフを述べ、観客もまたそれを理解できた時代だということを、録音がはっきりと証明しています。この半世紀の間でも、歌舞伎の演技は相当に変わったのです。

参加型の楽しみ方も

聴き心地のいい七五調のセリフは観客が口ずさみたくなるもので、先ほど挙げたお嬢吉三のモノローグなどは、現代の歌舞伎の入門書にも名ゼリフとして収録されていたりします。観客が芝居のセリフを自らいいたい衝動は昔からあったようで、かなり早い十七世紀後半からセリフ集のようなものが出版されて、役者の声色《こわいろ》を真似ることが流行っていました。十八世紀後半の安永期あたりからその種の出版物を「鸚鵡石《おうむせき》」(17)と呼ぶよう

役者の楽屋入りを見たがる観客（『客者評判記』より）

桟敷席や高土間から芝居を見る観客（『客者評判記』より）

になり、黙阿弥が活躍し始めたころにはそれが多色刷りの役者の似顔絵などを入れた豪華本になっています。つまり七五調のセリフが観客に浸透し、いわばカラオケのような楽しみ方として広まっていたようで、こうした参加型の娯楽になっていくのも芸能の日本的なあり方の一つです。その点では七五調のセリフの功績は大きいといえるかもしれません。

歌舞伎を知る上で大変貴重な資料としてこの本でたびたび引用した「役者評判記」は、およそ二百年の長きにわたってほぼ毎年刊行された劇評集ですが、十九世紀の初頭に戯作者の式亭三馬はそのパロディとして『客者評判記《かくしやひようばんき》』(18)なる本を著しました。その中では当時の歌舞伎の観客がいろいろなタイプに分けて説明されています。筆頭は「贔屓《ひいきの》常連《じようれん》」で、要は役者の熱烈なファン。現代でもこれが最もメジャーで正統派の観客である事実に変わりはない、と私は思っています。その次が「芝居好《ずき》」で、役者はだれでもいいけれど、とにかく芝居が好きでたまらないから、どの劇場にも見に行ってしまうという人。鑑賞眼の高い「見巧者《みごうしや》」や幕内の事情などにも詳しい「芝居通」がいて、「身振好《みぶりずき》」や「声色好《こわいろずき》」の参加型もあれば、「役者きどり」というナルシスティックな観客もいる。もっとおかしいのは「桟敷はり」で、芝居を見るよりも桟敷席に陣取る女性の観客を物色しにくるというヘンな輩《やから》です。

歌舞伎にはこれほどいろいろな楽しみ方があったことを『客者評判記』は教えてくれ

ます。そしてこれは今も同じで、歌舞伎はどんな楽しみ方をしてもいいし、こう見なければいけないという決まりはありません。

ただ歌舞伎を知る楽しみでいえば、歌舞伎だけを見て、歌舞伎の本を読むだけで、すべてをわかろうとするのは難しい。たとえば『山門』の舞台がなぜ南禅寺なのかは、秀吉の朝鮮出兵後に講和使節と折衝にあたったのが南禅寺の高僧玄圃霊三《げんぽれいさん》（劇中では霊山国師の名で登場）だったという歴史的事実を作者が踏まえている点を知らないと理解ができません。けれど逆に歌舞伎の舞台を見て、なぜそうなっているんだろうというような疑問を持てば、日本のあらゆることを知る楽しみにもつながります。

この本では現在もよく上演される代表的なレパートリー十本を成立年代順に一つひとつ読み解くことで、当時の観客にとっての魅力は何だったのかを考え、日本人的なエンターテイメントのあり方を探りました。これもまた一つの楽しみ方で、皆さんそれぞれの楽しみ方が広がるきっかけとなれば幸いです。

傍注・参考文献

第一章

(1)車鬢　車鬢とは、立役《たちやく》（男方）の鬘の一種。左右五本か七本ずつにまとめられ固められた鬢（側頭部の髪の毛）が、車軸のように突き出た猛々《たけだけ》しい髪形で、もっぱら荒事《あらごと》の役に使われる。鬢の形にはほかにも八枚鬢・板鬢・ふかし鬢など二十種ほどがある。

(2)筋隈　役柄に応じて、顔に油性の顔料で筋やぼかしを描く歌舞伎独特の化粧法が「隈取」。一般に紅の筋は血気を、青は邪悪や姦佞《かんねい》を、黒は鬼畜や悪霊を表わす。十種類以上ある隈取のうち「筋隈」は、瞼《まぶた》の両端から紅の筋を上下にダイナミックに延ばすのが特徴で、力強さが強調される。

(3)素袍（襖）　麻地に定紋を施した江戸時代の武士の礼服で、長袴《ながばかま》とともに着用した。

(4)きんぴら浄瑠璃　明暦年間（一六五五―五八）に江戸で和泉太夫《いずみだゆう》が語り始めて一六六〇年代に大流行した人形浄瑠璃。酒呑童子伝説に脚色を加えた一連の武勇談で、坂田金時の子の金平が活躍するところからこの名がある。

(5)村上隆著『芸術起業論』より。

(6)絵入狂言本　室町時代に発した滑稽芝居の「狂言」とは別に、歌舞伎の脚本または芝居そのものも「狂言」と呼ぶ。「絵入狂言本」とは、大当たりをとった歌舞伎狂言のあらすじを絵物語風に書き記した書籍のことで、京・江戸・大坂の三都で出版された二百種ほどが現在に残っている。

(7)初代山中平九郎（一六四二―一七二四）　元禄期（一六八八―一七〇四）を中心に活躍した江戸の名優。公家悪・実悪《じつあく》（現実世界の悪人）など「悪」の役どころや怨霊・鬼などを演じては他の追随を許さなかった。

(8)役者評判記　歌舞伎役者の技芸について批評し、位付けを行なった書籍。十七世紀後半から幕末までのほぼ二百年間、原則として毎年正月に出版された。執筆には江嶋其磧《えじまきせき》（浮世草子作者）をはじめ、劇場周辺の文人があたったものと見られる。

(9)『役者《やくしや》懐《ふところ》世帯《ぜたい》』正徳五年（一七一五）正月刊より。

(10)世界　上演する作品の背景となる時代や事件を指す、歌舞伎・人形浄瑠璃の用語。同じようなストーリー、シチュエーションでも背景の時代設定を変えれば登場人物も当然変わってバリエーションが生まれる。そのために「世界」を変えることが新たな台本作りには欠かせなかった。芝居関係者たちが寄り集まって、その時点でその芝居に最もふさわしい世界を決めることを「世界定め」といい、江戸中期（十八世紀）にはすでにそれが行なわれていた。

(11)『役者懐世帯』に見られる『万民大福帳』という芝居の挿絵。

(12)『役者《やくしや》職《しよく》敵《がたき》』享保三年（一七一八）正月刊。

(13)『役者《やくしや》多《た》名卸《なおろし》』元文二年（一七三七）正月刊。

(14)『戯場訓蒙図彙』『浮世風呂』『浮世床』などで名高い戯作者・式亭三馬（一七七六—一八二二）が、江戸初期の百科事典『訓蒙図彙』にならって著した歌舞伎の絵入り解説書。享和三年（一八〇三）刊。劇場を「戯場国《けじょうこく》」という一つの国とみなし、そこでの芝居内容や演技、役者や観客などについて、日常の生活世界と対比しながら解説していくという趣向である。

(15)『四天王産湯玉川』文政元年（一八一八）、江戸玉川座で上演された顔見世狂言。本来は芝居前半の序幕で演じられるはずの「暫」が、後半の「世話場」で演じられた非常に珍しいケース。世話場は当時の日常的なシーンであるため、市川團十郎の住まいや芝居茶屋が舞台となる。團十郎の住まいに「暫」の絵を持ってきて、この絵と全然違うからお前は團十郎ではないと文句をつける人物がまず登場し、そこで團十郎がすぐさま扮装をして芝居茶屋で「暫」を演じるという設定だ。

(16)『女暫』『暫』の主人公を女に変えたもので、二代目芳沢《よしざわ》あやめが延享二年（一七四五）に初演したとされるが、実際は寛政三年（一七九一）に四代目岩井半四郎が演じて以来、勢力のある女形がときどき披露するようになった。主人公（『暫』では鎌倉権五郎）は巴《ともえ》御前、ウケの公家悪（同じく清原武衡《たけひら》）は蒲冠者《かばのかじゃ》範頼《のりより》として今日に定着し、演技の端々に女らしい恥じらいを見せるのが半四郎初演以来のお約束となっている。

(17)『絵本戯場年中鑑』正月の仕初《しぞめ》（芝居始め）から年末の舞納《まいおさめ》までの劇場の年中行事、芝居の衣裳・小道具などについての解説書。篁 竹里《たかむらちくり》が執筆し、挿画は役者絵で知られる歌川豊国が描いている。享和三年（一八〇三）出版で、同年に出た『戯場訓蒙図彙』（注〔14〕）と併せて江戸中期の芝居を知る格好の資料。

第二章

(1)夕霧（一六五三?—七八）　江戸前期（十七世紀）に実在した遊女。京都島原の妓楼《ぎろう》「扇屋」に入り、同楼の大坂新町移転に伴って大坂へ。容姿・芸ともに優れ、名妓の名をほしいままにするが、若くして亡くなった。同時代人、井原西鶴の『好色一代男』には彼女のさまざまなエピソードがある。

(2)井原西鶴（一六四二—九三）　浮世草子作者・俳人。大坂の商家に生まれ、はじめ俳諧師として立ったが、四十一歳で『好色一代男』を書いて浮世草子の分野を開拓し、以後、好色物、町人物、武家物など、確かな人間観察に基づく大量の作品を執筆した。主な作品は『好色五人女』『好色一代女』『諸艶大鏡《しょえんおおかがみ》』『日本永代蔵』『世間胸算用』『武道伝来記』『西鶴諸国はなし』『本朝二十不孝』など。

(3)初代坂田藤十郎（一六四七—一七〇九）　元禄期の上方役者。もっぱら京の舞台で活躍。延宝六年（一六七八）、夕霧の死の直後に『夕霧名残の正月』の伊左衛門で大当たりをとり、人気を得た。その芸の本領はやつし事、濡れ事《ぬごと》（色模様）、口舌事（痴話喧嘩）にあり、これらを巧みなセリフ回しで表現することにより上方のいわゆる「和事」を大成した。

(4)近松門左衛門（一六五三―一七二四）　浄瑠璃作者・歌舞伎作者。福井藩士の子といわれ、京都で育つ。『出世景清』を皮切りに竹本義太夫と提携して数々の新浄瑠璃を生んだ。それ以前を古浄瑠璃と呼ぶ。いっぽう、坂田藤十郎のために『けいせい仏の原』など歌舞伎の台本も数多く手がけ、元禄上方歌舞伎の全盛時代を築く。十八世紀に入るとふたたび浄瑠璃に回帰し、多くの傑作を生んだ。有名な作品は『曾根崎心中』『冥途の飛脚』『心中天の網島』『国性爺合戦』など。

(5)『西鶴置土産』　元禄六年（一六九三）の井原西鶴没後に刊行された遺稿集で、巻頭に辞世の句「浮世の月見過しにけり末二年」が掲げられている。十五の短篇はすべて、色遊びに身を持ち崩してしまった男たちの後日譚。

(6)『好色一代男』　井原西鶴の処女作で、好色物の代表作。天和二年（一六八二）出版。大尽と遊女の間の子世之介が、七歳にして性に目覚め、六十歳で女護が島へと船出するまでの好色生活を描く。この間の遊蕩はすさまじく、実に三千七百四十二人の女、七百二十五人の美少年と戯れたと書かれている。

(7)『日本永代蔵』　『世間胸算用』と並ぶ西鶴町人物の代表作。元禄元年（一六八八）出版。三十篇からなる短篇集で、江戸・京都・大坂を中心に、日本諸都市の商人たちの栄枯盛衰を描きながら、いわば町人道徳を説いている。

(8)『役者一挺鼓《やくしゃいっちょうつづみ》』（元禄十五年［一七〇二］正月刊）に見えるエピソード。

(9)居狂言　ある場所にずっと座ったまま（居たまま）、長々と語る演技。多少の身ぶりは交えても、移動はしない。

(10)下座　舞台下手に黒板塀で囲み前面に黒御簾《みす》をかけた一角が下座。ここに長唄連中(唄・三味線・囃子)がいて、芝居にBGM(下座音楽)をつける。

(11)長唄　三味線音楽のうち、メロディアスな「歌い物」の代表で、細棹《ほそざお》三味線による伴奏のほかに、曲目によっては「鳴物《なりもの》(能管・小鼓・大鼓・太鼓ほか)」も伴い、総じて派手でリズミカルな曲調が多い。

(12)豊後節　宮古路豊後掾《みやこじぶんごのじょう》(一六六〇?―一七四〇)が創始した浄瑠璃の一流派。優艶で軟弱、やや煽情的《せんじようてき》なところが受けて大流行し、ここから常磐津節や清元節が生まれた。

(13)九代目市村羽左衛門(一七二五―八五)　江戸中期の役者で、江戸三座の一つ市村座の座元。所作事(舞踊)の名人として知られた。宝暦年間(一七五一―六四)にはしばしば上方の舞台にも出て、京都で豊後節を取り入れた『寿夕霧曾我』という夕霧物を上演した。

(14)初代中村富十郎(一七二一―八六)　安永・天明期(一七七二―八九)を代表する女形。大坂に生まれ、京都で修業し、江戸で富十郎を名のった経歴から、三都で幅広い人気を得た。美貌で所作事に秀で、『京鹿子娘道成寺』を創演したことでよく知られる。

(15)三代目瀬川菊之丞(一七五一―一八一〇)　文化期(一八〇四―一八)に江戸で人気・実力を誇った女形。大坂の振付師市山七十郎の次男に生まれ、のちに江戸に下って二代目瀬川菊之丞の門下となる。二代目の死後、その遺言により、養子として三代目を襲名。

絶大な人気を得て、ある年は二座かけもちで千八百五十両も稼ぎだし、女形としては異例の座頭を務めるほどになった。

(16)三代目中村歌右衛門（一七七八―一八三八）文化・文政期（一八〇四―三〇）の大坂の名優。立役・敵役・女形・所作事を得意とする幅広さと、工夫に富む芸風により、三都で圧倒的な人気を集めた。さらに、演出を創案したり、狂言作者も兼ねるなど、まさに万能型の歌舞伎人だった。

(17)詳しくは「國文学」臨時増刊号第三十七巻六号、『かぶき総見』に所収の松井今朝子「誌上〈舞台鑑賞〉廓文章」参照。

(18)『役者年越草《やくしやとしごへぐさ》』宝暦十二年（一七六二）正月刊。

(19)折口信夫（一八八七―一九五三）昭和前期の国文学者・民俗学者・歌人。筆名・釈《しやく》迢空《ちょうくう》。『口譯萬葉集』『萬葉集辞典』を著すなど万葉学者として知られた。いっぽう、柳田國男の民俗学を深く取り入れ、沖縄・宮古・八重山諸島の調査などを通じて国文学の民俗学的研究を進め、『古代研究』を著した。ほかに歌集『海やまのあひだ』『春のことぶれ』、詩集『古代感愛集《かんないしゅう》』、小説『死者の書』などがある。

(20)『けいせい仏の原』福井生まれとされる近松が越前を舞台にして書いたお家騒動物。タイトルも越前にほど近い加賀国を舞台にした能『仏原』からとっている。昭和六十二年（一九八七）の公演は、脚本／木下順二、補訂／松井今朝子、演出／武智鉄二、主人公の文蔵を四代目坂田藤十郎が演じ、約二百九十年ぶりの復活上演として話題になった。

(21)木下順二（一九一四―二〇〇六）戦後の日本演劇を代表する劇作家、評論家。代表作に、日本の民話に題材をとった『彦市ばなし』や『夕鶴』、戦前のゾルゲ事件を描いた『オットーと呼ばれる日本人』などがある。『子午線の祀《まつ》り』では、歌舞伎や能狂言といった日本の伝統演劇の手法を取り込み、先鋭的な群読劇を創りあげたことでも知られる。

(22)『湖月抄』『源氏物語湖月抄』ともいう。俳人・歌学者の北村季吟《きぎん》による『源氏物語』の注釈書で全六十巻六十冊。延宝元年（一六七三）成立。江戸時代から明治期にかけて長く流布本として親しまれた。

(23)長谷川眞理子（一九五二―）人類学者。前総合研究大学院大学学長・教授。行動生態学、進化生物学の観点から人間の行動性向や性選択についての研究・執筆活動を続けている。著書に『科学の目　科学のこころ』『動物の行動と生態』など。

(24)『賢外集《けんがいしゅう》』に見えるエピソード。『賢外集』は安永五年（一七七六）に出版された『役者論語《ばなし》』に収録されている。

(25)『西鶴置土産』に見えるエピソード。

(26)『賢外集』に見えるエピソード。

第三章

(1)『菅原伝授手習鑑』延享三年（一七四六）、大坂竹本座初演。竹田出雲、並木千柳、三好松洛《しょうらく》らによる合作。右大臣菅原道真（菅丞相）が失脚して流罪された件を題材とし、左大臣藤原時平は徹底した悪人に描かれている。いっぽうで当時の珍しい三つ子誕生のニュースが取り入れられて、三つ子の長兄梅王丸は菅丞相の、次男松王丸は時平の、三男桜丸は天皇の弟斎世《ときよ》親王に仕える牛車の舎人という設定になった。菅丞相が流罪となる直接的な原因は丞相の養女苅屋姫《かりやひめ》と斎世親王の恋愛に求められ、二人の仲を取り持った桜丸は自身の責任を痛感。父親が七十歳の長寿を迎えたお祝いで、一族が久々に実家で顔をそろえた日に彼が切腹する場面は〈賀の祝〉と呼ばれ、〈寺子屋〉と並んで作品全体のクライマックスだ。

(2)『甲陽軍鑑』　甲州流兵学書。同流の祖小幡景憲《おばたかげのり》が江戸初期に編纂したとの説が有力。武田信玄とその家臣団の合戦記事を中心に、軍法や心構えまでを記したもので、兵学の枠にとどまらない読み物として広く受け入れられた。

(3)人形浄瑠璃　浄瑠璃の語り、三味線の伴奏、操り人形の舞台によって上演される芝居。この形式は江戸時代初期に始まるが、竹本義太夫（義太夫節の創始者）が貞享元年（一六八四）に大坂の竹本座をおこし、近松門左衛門の新作浄瑠璃を上演し始めて以降は隆盛をきわめ、歌舞伎にも大きな影響を与えた。なお、江戸時代を通じての名称は「操り浄瑠璃」で、「人形浄瑠璃」とは明治以降の呼称。現在「文楽」と呼ばれているのは、淡路島出身の興行師・植村文楽軒が文化二年（一八〇五）に創設し、竹本座などがつぶれたのちも最後まで残っていた文楽座からきている。

(4)『竹本豊竹浄瑠璃譜』より。

(5)レンブラント派　レンブラント（一六〇六―六九）は、徹底した写実と深い光と影の表現により、絵画史上有数の巨匠とされるオランダの画家。しかし六百五十点ものレンブラント作の油彩画の何割かは、師の技法に習熟した弟子が描いたもので、それらの弟子たちのことを「レンブラント派」という。

(6)「新聞雑誌」紙四十、明治五年（一八七二）四月（新聞集成明治編年史第一巻所収）より。

(7)ニーベルンゲンの歌　十三世紀初頭に成立したドイツの英雄叙事詩。ザンテンの王子ジークフリートは、ブルグント国王グンターとイスランド女王ブリュンヒルトとの結婚を巧みに手助けして、グンターの妹クリームヒルトを獲得する。のちブリュンヒルトは偶然に、自分が騙されて結婚したことを知り、重臣ハーゲンにジークフリートを殺させる。クリームヒルトはフン族の王と再婚するが、前夫ジークフリートを殺された復讐の念に燃えていた。そこでフン族とブルグントは戦い、両族とも全滅する。最後にクリームヒルトはハーゲンの首をはねて復讐を遂げるが、自らも死ぬというストーリー。

(8)「演芸画報」第一巻第六号所収。

(9)マックス・ラインハルト（一八七三―一九四三）　オーストリアの演出家。幻想的、表現主義的なスタイルで知られ、一九二九年にはウィーンに演劇学校「マックス・ラインハルト・ゼミナール」を創設。三三年ナチスが政権を握るとアメリカに亡命した。

(10)サン・キョン・リー著、西一祥監修、田中徳一訳『東西演劇の出合い――能、歌舞伎の西洋演劇への影響』参照。

(11)**新渡戸稲造**（一八六二―一九三三）　明治―昭和前期の教育者。著書『武士道』（一八九九）では、義・勇・仁など日本的伝統に内在する要素をキリスト教の普遍的価値に結びつけようとした。原稿は英語で書かれ、のち日本語に翻訳。

(12)**三代目阪東寿三郎**（一八八六―一九五四）　大阪の役者。幕末・明治の名優四代目中村仲蔵の前名に始まる名跡の三代目。大阪に生まれ、一時は東京の二代目市川左團次の一座に加わる。関東大震災により帰阪して、昭和四年（一九二九）には新派や映画俳優も加えた「第一劇場」を主宰し、谷崎潤一郎らの新作を上演したが、一年で終わる。近代的な感覚の持ち主で新歌舞伎を得意とし、晩年は六代目市川寿美蔵《すみぞう》（のち三代目市川寿海《じゅかい》）と双寿時代を築く。

(13)**新劇**　歌舞伎でも新派劇でもない、より新しい近代演劇。大正末期、築地小劇場により発展し、非商業演劇として左翼運動的傾向を強め、第二次世界大戦中には活動を制限されたが、戦後、文学座・俳優座・劇団民藝の三劇団を中心に復活した。

(14)新劇版は『テラコヤ』というタイトルで、青山杉作演出による上演。配役は友田恭助のマツオオ、東山千栄子のチイヨ夫人ほか。

(15)「演芸画報」第二十三巻第十号参照。

(16)**『仲光』**　作者不明。「仲光」は観世流での曲名で、宝生・金剛・喜多流では「満仲」と称する。五番立ての能番組では、四番目に捉えられる。この四番目物は「雑能」ともいい、狂乱物・執心物・遊楽物などさまざまな曲趣が混在し、人間の心理的葛藤や対立を主軸にしたドラマチックな作品が多い。

(17)幸若舞　太鼓や小鼓、笛に合わせて歩く動作を主とする簡単な舞を伴った語り物で、様式はさまざまな変化の末、「三人の男の舞」として確立したが、役柄の分担なしに交互に歌う。

(18)古浄瑠璃　義太夫節出現以前の浄瑠璃諸流の総称。浄瑠璃は室町中期（十四世紀）に、源義経と〝浄瑠璃姫〟の恋物語に節をつけて語り始めたのが起源とされる。のち三味線が渡来すると、その伴奏で語るようになり、節の特徴から金平節・大薩摩《おおざつま》節など多くの流派が生まれた。十七世紀末に現われた竹本義太夫の義太夫節が、新鮮な語り口や人情表現などの点で人気を独占するようになり、それ以前のものを古浄瑠璃と呼ぶようになった。

(19)『東山殿子日遊』　延宝九年（一六八一）初演。『満仲』タイプの身替わり劇が展開される。足利義政の怒りを買った姫を預かり、悪人の陰謀によって姫を殺すように命じられた畠山持国《もちくに》は、進退窮まって「あはれ世の中にせまじきものは宮仕へ」と嘆く。

(20)『忠臣身替物語』　元禄二年（一六八九）初演。ほとんど『満仲』の書き替えだが、近松はここでもまたわが子を犠牲にする和田為宗に「せまじきものは宮仕へ」といわせている。

(21)柳田國男（一八七五―一九六二）　日本民俗学の創始者。東京帝国大学を卒業後、官僚

となり、その傍らで文学活動を行なう。講演などで地方を訪れ、人びとの暮らしの実態に触れたことがきっかけで、郷土研究に強い関心を抱くようになり、文字を持たない伝承・言語・心意を資料とする常民史学を創りあげた。

(22)「妹の力」「妹の力」は、女性たちが身近な男性に及ぼす宗教的な力を語った小論で、以下は本文と関わる部分の引用。「……人が全体にやさしくなつたやうな感じがする。殊に目につくのは子供を大切にする風習である。以前は野放しにして置いて、自然に育つ者だけが育つといふ有様であつたのが、もうそんな気楽な親は少なくなつた。……」(「妹の力」大正十四年[一九二五]十月)

(23)『乳貰い』本名題『花雪恋手鑑《はなとゆきこいのてかがみ》』。西沢一鳳《いっぽう》・金沢龍玉《りゅうぎょく》(三代目中村歌右衛門)作。天保四年(一八三三)三月、京の北側芝居で独立初演。上方喜劇の代表作の一つで、遊蕩で身を持ち崩した絵師狩野四郎二郎が、許嫁《いいなずけ》と知らずに許嫁を犯してしまい、その許嫁が産んだ赤ん坊を自分の子とも知らずに預り、赤ん坊のために乳をもらい歩いているうちに、ついに許嫁にめぐり合うというストーリー。

第四章

(1)『義経千本桜』延享四年(一七四七)大坂竹本座初演。

(2)『国性爺合戦』かつて明帝に諫言《かんげん》して追放された鄭芝龍《ていしりゅう》は日本の肥前に渡り、老一官《ろういっかん》と名乗って浦人と結ばれて一子和藤内《わとうない》を得た。韃靼《だったん》の侵入による祖国明の危機を知った老一官夫婦と和藤内は渡海し、老一官の娘錦祥女《きんしょうじょ》の夫、甘輝《かんき》将軍に味方を頼む。甘輝は快諾するが、女にほだされたと思われては勇士の恥と妻を殺す覚悟を決め、その心を察した錦祥女は自害する。和藤内は国性爺鄭成功と名を改め、甘輝・呉三桂《ごさんけい》将軍とともに連戦連勝。ついに韃靼王を追い出し、永暦帝が即位して天下はめでたく治まるというストーリー。

(3)人形振り　人形浄瑠璃の人形の動きを真似た演技。『壇浦兜軍記《だんのうらかぶとぐんき》』(阿古屋)の岩永、『染模様妹背門松《そめもよういもせのかどまつ》』(蔵前)のお染と善六、『日高川入相花王《ひだかがわいりあいざくら》』(日高川)の清姫と船頭などが、よく人形振りで演じられる。

(4)院宣　上皇(あるいは法皇)の意思を伝える文書のこと。意思の主体が天皇の場合は「綸旨《りんじ》」、皇太子・三后(太皇太后、皇太后、皇后)の場合は「令旨《りょうじ》」という。

(5)佐藤忠信　(一一六一―八六)　陸奥国《むつのくに》の武士。もと平泉《ひらいずみ》の藤原秀衡《ひでひら》の家臣だったが、秀衡の命で源義経に仕え、源平合戦で名を揚げる。頼朝に追われて平泉に向かう義経と吉野山で別れ、京都に潜伏したが、鎌倉方に襲われて自刃。屋島合戦で平教経の強弓《つよゆみ》から義経をかばって戦死した佐藤継信《つぐのぶ》の弟。

(6)『天鼓』　能『天鼓』は作者不明、四番目物。近松門左衛門の浄瑠璃『天鼓』は、元禄十四年(一七〇一)大坂竹本座初演。

(7)平治の乱　平治元年(一一五九)に起きた政変。保元の乱(一一五六)以来権勢を誇っていた平清盛・藤原信西《しんぜい》を打倒するため、源義朝・藤原信頼が挙兵したが、結局清盛に敗れた。これにより平氏は全盛期を迎える。

(8)『靫猿』猿の役は面をつけ、「もんぱ」の生地で仕立てた着ぐるみを着る。しばしば、幼い狂言師が初舞台に演じる。大名が狩に行く途中で、猿引が連れている猿を見て、靫（矢を入れて腰につける籠）にしたいと所望する。猿引が断ると大名は脅しつけて無理やり承知させる。猿引は仕方なく猿を殺そうとするが、無邪気に芸をする猿の姿に打たれた大名がこれを許す。猿引は喜んで猿を舞わせ、大名も猿と戯れて舞うという内容。

(9)『今昔物語』『今昔物語集』の略。平安時代末（十二世紀前半）に成立したとされる説話集。霊・鬼など異類の話を集めた巻二十七には、狐が女に変じる話、狐が恩を報ずる話など五話が収められている。

(10)式亭三馬（一七七六―一八二二）江戸後期の江戸の戯作者。はじめ本屋に奉公し、戯作のかたわら薬屋の副業で財をなした。少年時代から戯作を志し、十九歳で『天道浮世《てんどううきよの》出星操《でづかい》』を書いて作者デビュー。代表作は、江戸町人の人情世態を話し言葉の多用で活写した『浮世風呂』『浮世床』。芝居通としても知られ、『戯場訓蒙図彙』『客者評判記』などを著した。

(11)松岡和子（一九四二―）翻訳家・演劇評論家。東京女子大学英文科卒。「シェイクスピアの広報担当」を自認し、シェイクスピアの全三十七戯曲の翻訳を二〇二一年に完結。著書に『すべての季節のシェイクスピア』『シェイクスピア「もの」語り』など。

(12)松岡和子訳よりの引用。

(13)『一谷嫩軍記』　原作は人形浄瑠璃。並木宗輔（千柳）・浅田一鳥《いっちょう》、浪岡鯨児《なみおかげいじ》・並木正三らの合作。宝暦元年（一七五一）大坂豊竹座初演。『平家物語』一の谷合戦の部分の脚色だが、三段目「熊谷陣屋《くまがいじんや》」が特に好評で、初演の翌年歌舞伎化された。平敦盛《あつもり》が実は後白河天皇のご落胤《らくいん》だったという設定でストーリーは進行する。源義経は家来の熊谷次郎直実《なおざね》に敦盛をひそかに助けるようにとの暗示で、桜の木のそばに「一枝切らば一指を切るべし」と書いた札を立てる。それはすなわち「一子を切るべし」、熊谷の子を敦盛の身替わりに切れという非情の命令だった。熊谷は『平家物語』と同様に須磨浦の合戦で敦盛を討つが、それが実はわが子の小次郎で、この場面を〈檀特山〉と呼び、敦盛という乗り手を喪った白馬が海岸を駆け抜けるシーンが印象的だ。続く〈熊谷陣屋〉の場で真相が明らかにされ、小次郎の母相模《さがみ》は悲嘆の涙にくれ、熊谷は無常を感じて出家をする。

(14)説経節　寺で大衆に仏教の教理を平易に説く説教が、中世に内容が世俗化して、節がつくようになり、街角でササラを擦って拍子をとりながら語るようになったのが説経節。その代表的なものが五説経（苅萱《かるかや》、山椒太夫、しんとく丸、小栗判官、信田妻《しのだづま》）で、江戸時代には三味線で伴奏するようになったが、義太夫節などに押されて中期には絶えた。

(15)『蘆屋道満大内鑑』　人形浄瑠璃、竹田出雲作。享保十九年（一七三四）大坂竹本座初演。異類婚姻譚として有名な「信田妻」（狐女房）伝承の集大成ともいうべき作品で、秘伝書〈金烏玉兎集《きんうぎよくとしゆう》〉をめぐる安倍保名《やすな》と蘆屋道満の対立を軸に、許嫁葛の葉姫の姿をかりた白狐と契りをかわし、一子安倍晴明を得るという話をからめたもの。歌舞伎狂言の初演は享保二十年（一七三五）京の中村富十郎座。浄瑠璃同様、正体を知られた狐が障子に歌を書き残して信田の森に帰っていく「子別れ」の場をクライマックスとする人気演目。

(16)安倍晴明（九二一―一〇〇五）　平安時代中期に実在した陰陽家。賀茂忠行《かものただゆき》・保憲《やすのり》父子より陰陽道・天文学を学び、天文博士としてしばしば朝廷の占星や儀式を執り行ない、天皇家や公卿《くぎよう》の篤《あつ》い信頼を得た。

第五章

(1)堀部安兵衛、高田馬場の決闘　元禄七年（一六九四）、越後の出身で浪人の身であった中山安兵衛（一六七〇―一七〇三）が、同じ道場の門弟で親しくしていた伊予西条藩家臣・菅野六郎左衛門の果たし合いに助太刀。高田馬場での決闘で、相手方三人を倒したというエピソード。この一件で名を揚げた安兵衛に、赤穂藩の堀部弥兵衛が養子縁組を申し入れ、安兵衛はのちに赤穂義士討ち入りに参加することになる。

(2)赤垣源蔵、徳利の別れ　実在の赤穂義士の名は赤埴《あかばね》源蔵（一六六九―一七〇三）。討ち入りの前夜に別れを告げるために兄のもとに赴くが、不在であったため、兄の羽織を前に別れの杯を交わして帰っていったというエピソードで知られる。

(3)「義士銘々伝」　講談における赤穂義士物は、討ち入りまでのプロセスを描く「本伝」に、四十七士個々のエピソードを綴った「銘々伝」、吉良方の人物等にまで話を広げた「外伝」からなる大長編。「講釈師、冬は義士、夏はお化けで飯を食い」といわれるほど、重要なレパートリーとなった。

(4)桃中軒雲右衛門（一八七三―一九一六）　豪快な語り口で一世を風靡した明治後期の浪曲師。芸人として不遇をかこち、九州にまで流れていた雲右衛門は、弟子となっていた壮士の宮崎滔天《とうてん》や、彼を通して知り合った玄洋社の力を借りて、明治三十六年（一九〇三）に「義士銘々伝」を完成。「武士道鼓吹」を謳い九州で成功を収めたのち、明治四十年（一九〇七）には大阪中座や東京本郷座で大当たりをとって、一大ブームを巻き起こした。

(5)『サラリーマン忠臣蔵』　一九六〇年、東宝制作、杉江敏男監督。「忠臣蔵」のストーリーを丸ごとサラリーマン社会に置き換えて現代化した娯楽作。赤穂産業・浅野社長の丸菱銀行・吉良頭取への暴力沙汰をきっかけに、大石専務以下赤穂産業の社員たちが社長の無念を晴らすべく奮起する。

(6)『わんわん忠臣蔵』　一九六三年、東映制作、白川大作監督。トラのキラーに母を殺された犬のロックが、森の動物たちの助けを借りて母の仇を討つというストーリーの、東映動画制作による長編アニメ。

(7)『赤穂浪士』　一九六四年一月〜十二月に放映されたＮＨＫの大河ドラマ。テレビ初出演の長谷川一夫が演じた大石内蔵助をはじめ、豪華なキャスティングが評判を呼んで人気番組に。討ち入りの回の視聴率は五十パーセントを上回った。大石の「おのおのがた〜」というセリフも巷《ちまた》で流行。

(8)『ジャパン・アズ・ナンバーワン』　ハーバード大学の社会学の教授で、同大の東アジア研究所所長であったエズラ・F・ヴォーゲルによる一九七九年の著書。めざましい成長を続ける日本経済の成功の要因を探り、日本に学べと説いて世界中で大ベストセラーとなった。

(9)丸谷才一（一九二五―二〇一二）　作家・評論家。大学時代にジェイムズ・ジョイスにのめり込み、一九六四年、ジョイス作『ユリシーズ』の共訳者として注目を集める。一九六八年に『年の残り』で芥川賞を受賞して以来、作家として第一線で活躍。日本の古典に関する造詣も深く、『日本文学史早わかり』など数々の刺激的な評論を発表している。『忠臣蔵とは何か』は一九八四年の著書。

(10)高家　江戸幕府の儀式や典礼を取り仕切る役職で、室町や戦国以来の名門の家柄の旗本がこの役についた。吉良家は足利氏につながる家柄で、高家の肝煎《きもいり》（責任者）を務めた。

(11)『仮名手本忠臣蔵』　竹田出雲・三好松洛・並木千柳作。人形浄瑠璃の初演は、寛延元年（一七四八）八月、大坂竹本座。その四か月後の十二月には、大坂中の芝居（中座）で歌舞伎化。翌年には、二月の森田座に始まり江戸三座（中村座・市村座・森田座）で競って上演された。

(12)塩冶判官（？—一三四一）　塩冶高貞。南北朝期の武将。はじめ後醍醐《ごだいご》天皇、次いで足利尊氏に従うが、高師直の讒言により追われて自殺したとされる。

(13)高師直（？—一三五一）　南北朝期の武将。足利尊氏に従い、室町幕府成立（一三三六）に伴って執事となる。のちに、尊氏とともに足利直義と戦ったが敗れ、帰洛の途中で謀殺された。

(14)「浅きたくみの塩冶殿」　この浄瑠璃の言葉は、いうまでもなく浅野内匠頭の名前にかけたもの。

(15)立川焉馬（一七四三—一八二二）　江戸後期の戯作者・浄瑠璃作者、烏亭《うてい》焉馬のこと。戯作や芝居を手がけ、平賀源内や大田南畝《なんぽ》など当時の文化人との交流も広かった。町大工の棟梁《とうりよう》で、素人による新作落とし噺の会を主宰して自作自演。衰退しつつあった落語に光を当てて落語中興の祖と呼ばれるようになった。本所竪川《たてかわ》に住んでいたことから立川と称した。

(16)宝井其角（一六六一—一七〇七）　江戸中期の俳人。松尾芭蕉《ばしよう》の門に入り、第一の弟子といわれるようになる。芭蕉没後は、洒落《しやれ》風と呼ばれる都会的な作風で、江戸俳壇で大きな勢力を占めた。赤穂義士の討ち入り前夜に浪士の大高源吾と会った人物として、忠臣蔵物に登場することもある。

(17)元禄十六年に上演された近松作の『傾城三《みつ》の車』はこの時代によくある御家騒動で、一応は山崎家の姫の許嫁である若殿縫之助《ぬいのすけ》と遊女たちのラブロマンスを軸にしているが、廓の喧嘩で殺人が起きたのが発端となり、それが複雑に展開して仇討ちのモチーフが異常なまでにふくらんでいる。ラストは白装束で手槍を武器にした大勢が敵の屋敷に討ち入りして、討ち取った敵の首を掲げて行列するシーンとなり、絵入狂言本も「天晴《あっぱれ》武士の鑑はこれならん」という言葉で締めくくられているところから、赤穂義士の討ち入りを匂わせたものと推測される。

(18)『兼好法師物見車』　宝永三年（一七〇六）大坂竹本座初演。その続編に設定された『碁盤太平記』は宝永七年（一七一〇）同座初演。

(19)紀海音（一六六三―一七四二）　江戸中期の浄瑠璃作者。大坂の菓子屋に生まれ若くして出家するが、のちに還俗《げんぞく》。俳諧師として活躍し、豊竹座で浄瑠璃を手がけて竹本座の近松門左衛門と競い合うようになる。その作品は巧みな構成力が特色とされる。

(20)『鬼鹿毛無佐志鐙』　人形浄瑠璃の『鬼鹿毛無佐志鐙』は、宝永七年（一七一〇）大坂豊竹座初演（祐田善雄著「浄瑠璃史論考」収録『「仮名手本忠臣蔵」成立史』参照）。これに先立ち同年に、吾妻三八《あづまさんぱち》作の歌舞伎『鬼鹿毛武蔵鐙』が大坂篠塚庄松座で上演され、異例のロングランとなっていた。

(21)小栗判官　中世以降、説経節や浄瑠璃、歌舞伎などさまざまな芸能の題材となり、語り継がれてきた伝説上の人物。常陸《ひたち》の国に流され美しい照手姫《てるてひめ》と出会って婿となるが、その父である相模の守護代・横山殿の謀略により毒殺され、地獄に落ちる。閻魔《えんま》大王に許され、目も見えず耳も聞こえず口もきけない餓鬼阿弥の姿で現世に戻された判官が照手姫と再会して元の姿に再生を果たすという物語。

(22)並木千柳（一六九五―一七五一） 別名並木宗輔・宗助。江戸中期の浄瑠璃・歌舞伎作者。三大名作『菅原伝授手習鑑』『義経千本桜』『仮名手本忠臣蔵』の作者の一人として知られる。並木姓の作者の祖。

(23)『忠臣金短冊』 享保十七年（一七三二） 大坂豊竹座初演。この作品では力弥と島原遊郭の遊女九重とが恋仲で、九重の実父は敵方である横山（吉良）の家来という設定になっていて、その父が娘のためにわざと殺されて横山邸の見取り図を語るシーンが描かれる。大石内蔵助は大岸由良之助の名で登場。

(24)十返舎一九（一七六五―一八三一） 江戸後期の人気作家。駿府《すんぷ》で武士の子として生まれ、江戸で武家奉公をしたのち上方へ。一時は近松余七を名乗り、浄瑠璃の作者を務めた。寛政六年（一七九四）に再び江戸に戻り、蔦屋重三郎《つたやじゆうざぶろう》の書肆《しよし》に寄宿して黄表紙を手がけるようになる。享和二年（一八〇二）の『浮世道中膝栗毛』が大ヒット、以後「膝栗毛」シリーズを二十一年間にわたって出し続けた。

(25)『忠臣蔵岡目評判』 十返舎一九の享和三年（一八〇三）の著書。大坂時代に劇界で聞き知った話を綴ったもので、その冒頭に「忠臣蔵の浄瑠璃たるや、固《もと》より其旨趣は一條なり、且《そのうへ》長文を欠略し、ものの転合を克諧《よくかな》へ、見物の気を引たつる事、豁然《はつきり》と眼《め》を覚さしめ、ひと幕毎《ごと》に要とする所のみを以《もつ》て著し、費《つひへ》を省て、衆目の倦《うま》ざるを専一と書たるもの也《なり》、故によく後世の人気に叶《かな》ひ、寛延の元《はじめ》より、享和の今に至る迄《まで》、廃ざる事良久《やや》し」とある。

(26)竹本　歌舞伎で語られる義太夫節の演奏者を指す。人形浄瑠璃ではすべてが太夫の語りで進行するのに対し、歌舞伎の義太夫狂言では役者のセリフに大部分を任せて、ナレーション部分や登場人物のセリフでもメロディアスになる部分などは竹本に任せる。

(27)『鏡山旧錦絵』　人形浄瑠璃。通称『鏡山』。容楊黛《ようようたい》作。初演は天明二年（一七八二）江戸薩摩外記座。歌舞伎の初演は翌天明三年、江戸森田座。松平周防守《すおうのかみ》の側女お道が、誤って局の草履をはき違えたことで局に侮辱されたのを恥じて自害し、下女のおさつが局を刺して主人の恨みをはらした実話の脚色。

(28)「或《ある》人曰《いふ》、四段目の由良之助が出端《では》、作者の心を用ひたる事、見る人の気は付ざれ共、是別《これべつして》心妙なり」

(29)初代中村仲蔵（一七三六―九〇）　江戸中期の歌舞伎役者。浪人の子に生まれ、下回りの役者からスタートし、実力で大スターに昇りつめた。定九郎役は生涯の当たり役。所作事にも秀で、『関の扉』（第八章）の関兵衛などで高い評判を得る。松井今朝子著『仲蔵狂乱』は、この初代仲蔵の生涯を描いた時代小説。

(30)五代目尾上菊五郎（一八四四―一九〇三）　明治を代表する歌舞伎役者。八歳で十三代目市村羽左衛門を襲名し市村座の座元となり、十八歳で『弁天小僧』を初演して生涯の当たり役とする。明治になって五代目尾上菊五郎を襲名。九代目團十郎とともに「團菊時代」といわれる一大エポックを築く。時代物、世話物、舞踊と何でもよくこなしたが、特に世話物に当たり役が多い。芸熱心、研究熱心で、明治の新しい風俗を盛り込んだ新作の歌舞伎にも意欲的に取り組んだ。

(31)**初代澤村宗十郎**（一六八五―一七五六）　江戸中期の江戸歌舞伎を代表する役者。旅回りの役者から出発し、上方から江戸に下って宗十郎を名乗るようになる。上方の和事を江戸で生かして独自の芸風を築き、二代目市川團十郎と並び称される役者となった。

(32)**『大矢数四十七本』**　延享四年（一七四七）六月、京布袋屋座で上演。『古今いろは評林』『中古戯場説』などには、この芝居が『仮名手本忠臣蔵』七段目に取り入れられたと書かれている。

(33)**御蔭参り**　御蔭参りとは遷宮の翌年に伊勢に参ることを指し、ご利益《りやく》が多いと庶民の間で流行した。『忠臣蔵』を江戸で上演するときには八段目の「道行旅路の嫁入り」を常磐津節や清元節などのBGMに替えるケースが多く、その一つに『御蔭参り』と呼ばれるバージョンがあった。天保元年（一八三〇）江戸中村座初演。戸無瀬・小浪の道行に、賑やかな御蔭参りの踊りがからむ。

(34)**近松半二**（一七二五―八三）　江戸中期の浄瑠璃作者。二世竹田出雲の門に入り竹本座の作者となる。近松姓は実父の儒者穂積以貫《ほづみこれつら》と親交があった近松門左衛門に私淑して名乗ったといわれる。人形浄瑠璃が衰退しつつあった時期に数々の名作を生み出した大作者。時代物を得意としたいっぽうで、敵討物の名作『伊賀越道中双六《いがごえどうちゅうすごろく》』や世話物の『新版歌祭文《しんぱんうたざいもん》』などが歌舞伎でよく上演される。壮大なスケールと緻密な筋の運びは他の追随を許さない。

(35)『本朝廿四孝』　人形浄瑠璃の初演は明和三年一月（一七六六）大坂竹本座、その五月には大坂中の芝居で歌舞伎として初演された。武田信玄と上杉謙信の戦いを背景にした全五段の物語だが、歌舞伎では四段目にあたる「十種香」「狐火」が今もポピュラーな演目だ。上杉家の八重垣姫は武田勝頼と許嫁の間柄だったが、彼の死を知らされ、その肖像画の前で香を焚き供養をしている。が、実は死んだのは勝頼の偽物で、本人は偽勝頼の恋人濡衣《ぬれぎぬ》とともに上杉家に潜入していた。肖像画そっくりの男の存在に気づいた姫に、濡衣は、上杉家に置かれている武田家の家宝の兜《かぶと》を盗み出すよう迫り、いっぽう謙信も勝頼の存在に気がついてこれを暗殺しようと謀《はか》る。恋人の危急を救いたいと念じる八重垣姫に、家宝の兜がふしぎな力を与える、というのが「十種香」のストーリー。

(36)『妹背山婦女庭訓』　人形浄瑠璃の初演は明和八年一月（一七七一）の大坂竹本座で、その八月に大坂中の芝居で歌舞伎として初演された。帝位を狙う蘇我入鹿《そがのいるか》とそれを阻止しようとする藤原鎌足《かまたり》を軸に、大和地方に伝わる伝説をからめた壮大なスケールの作品。歌舞伎では、入鹿のために死に至る若き恋人たちを描いて、日本版ロミオとジュリエットといった趣の三段目「山の段」（「吉野川の場」）、鎌足の息子と入鹿の妹、田舎娘お三輪の三角関係を舞踊に仕立てた四段目の「道行恋苧環《こいのおだまき》」と、それに続く入鹿を滅ぼすためにお三輪が犠牲になるというストーリーの「三笠山御殿」がよく上演される。

第六章

(1)『儀多百曩屓』　安永六年（一七七七）刊。「夏祭は延享二年七月十六日の初舞台。この時人形に帷子の衣裳を着せ始」とある。

(2)一寸徳兵衛　『夏祭浪花鑑』初演から六十五年後の文化八年（一八一一）には一寸徳兵衛をタイトルロールにした『謎《なぞの》帯《おび》一寸《ちょっと》徳《とく》兵《べ》衛《え》』という芝居も上演されている。四世鶴屋南北・福森久助《きゅうすけ》らの合作による作品で、こちらは江戸で実際に起きた事件に取材したもの。

(3)初代片岡仁左衛門（一六五六―一七一五）　近松とほぼ同年齢の元禄・宝永期の役者。はじめは三味線弾きだったが、三十代半ばで京に上り、仁左衛門を名乗る。その後は大坂で座本を長く務めた。大柄ですさまじい眼光だったといわれ、「敵役の大将」と謳われた。

(4)『生瀬川の尼殺し』　貞享元年（一六八四）大坂大西芝居で初演。妊娠した尼を僧侶が殺した事件を脚色したもの。

(5)初代姉川新四郎（一六八五―一七四九）　若いころは旅回りの役者で、二十代後半から大坂の大芝居で活躍し始める。意外に小柄な体で侠客の役を得意とした。元禄期の坂田藤十郎がその「やつし」の芸を「紙衣」で象徴させたように、姉川新四郎が得意とした「黒船」の芝居では投げ頭巾が象徴となった。

(6)『役者鞘振舞《やくしやうけぶるまい》』　享保八年（一七二三）三月刊。

(7)『**四十七人の刺客**』　平成六年（一九九四）製作の映画。市川崑監督作品。池宮彰一郎の同名の小説が原作で、「松の廊下」について、米沢藩からの視点を大幅に導入するなど、一味違った「忠臣蔵」を描く。吉良上野介役は西村晃《こう》。

(8)『役者若咲酒《やくしやわかえびす》』　享保六年（一七二一）刊。

(9)『**曾根崎心中**』　人形浄瑠璃。近松門左衛門作。元禄十六年（一七〇三）大坂竹本座初演。大坂内本町《うちほんまち》の醤油屋《しようゆや》平野屋の手代徳兵衛は、堂島新地天満屋《てんまや》の遊女お初と恋仲なのに、徳兵衛を見込んだ主人は、持参金を押し付けて姪《めい》との縁談を進めようとする。徳兵衛はその縁談を断ろうとするが、親友九平次に窮状を訴えられ、返すべき持参金を一時用立ててしまった。ところが九平次は金を返さないばかりか、逆に徳兵衛を罵り、生玉社《いくたましや》の境内で暴力まで振るう。その夜徳兵衛は新地にお初を訪ね、金も返せず、人前で恥辱も受けた以上、自害して不名誉をそそぐほかはないと語り、お初もこれに同情して心中を決意する。夜更けて店を抜け出した二人は、曾根崎の森で心中を遂げるというストーリー。

(10)泥船　泥にまみれての立ち回りなどを演ずるために設ける、泥を満たす箱のこと。左官屋が壁土をこねる「箱船」からの名称で、古くはかぶりつきの枡席《ますせき》の一つをつぶして泥場とした。現在は舞台上に置く。

(11)本水　舞台上で本物の水を使うこと。またはその水そのものをいう。

(12)水からくり　「水芸」とも。本物の水を使って行なう曲芸・奇術の総称。江戸初期、精巧に作られた人形や動物からさまざまに水を出す見世物に、簡単な芝居を加えて興行を打った「竹田からくり芝居」などが先駆。

(13)『伊勢音頭恋寝刃』　近松徳三作。通称『伊勢音頭』。寛政八年（一七九六）大坂角の芝居初演。全四幕。凄惨な刃傷に及ぶ三幕目の「油屋」はよく独立して上演される。伊勢の御師《おし》（下級の神官）福岡貢《みつぎ》は恩顧ある旧主家の息子・今田万次郎のために、宝刀・青江下坂《あおえしもさか》を探してようやく手に入れたものの、まだ折紙（鑑定書）が見つかっていない。彼は古市遊郭の「油屋」の遊女お紺と恋仲で彼女に会おうとするが、彼女はなかなか現われず、ようやく出てきたら、満座の中で貢に愛想尽かしをして恥をかかせる。実はこれは、客の持っている折紙を奪うために計略したお芝居だったが、それを知らない貢はついにキレて、青江下坂の刀で仲居やお紺の客などを次々と刃にかけていくというストーリー。

(14)恥の文化　ルース・ベネディクト（一八八七―一九四八）はアメリカの女性文化人類学者。第二次世界大戦直後の一九四六年に、当時においては最も体系的で思弁的な日本人論・日本文化論『菊と刀』を著し、日本人は「正しい行動の内面的強制力を全然考慮の中に置」かず、「罪の重大さよりも恥の重大さに重きを置いている」（長谷川松治訳）として、「恥の文化」と名づけた。

(15)乾宏巳著『なにわ大坂菊屋町』参照。

(16)『極付幡随長兵衛』　河竹黙阿弥作。通称『湯殿の長兵衛』。明治十四年（一八八一）東京春木座初演。水野十郎左衛門を頭目《とうもく》とする旗本奴の白柄組《しらつかぐみ》と幡随院長兵衛の率いる町奴とは険悪な間柄。あるとき劇場で、水野の家来が騒いで芝居の邪魔をしているところに、長兵衛が止めに入って水野の目に止まる。長兵衛はその後、水野の屋敷に招待され、危険を感じた子分や弟分が止めるのも聞かず、女房や倅《せがれ》も振り切って出かけていく。屋敷の酒宴で、わざと着物に酒をこぼされた長兵衛は、湯殿で着替えをと勧められ、風呂場で大勢に襲われて、素手で奮戦するもむなしく、ついに水野の槍で壮烈な最期を遂げるというストーリー。

(17)ホモソーシャル　体育会系集団などに顕著に見られる、男同士の強い連帯を必要以上に意識した閉鎖的な社会風潮。

第七章

(1)『三好長慶廓総角』　寛保二年（一七四二）大坂大西芝居初演。松屋来助《らいすけ》・並木永輔作。豪放磊落《らいらく》な役を得意とする初代中山新九郎が長慶を演じて好評を博した。ちなみに三好長慶《ながよし》は戦国期の武将で、室町将軍足利義晴を京から追放した人物。松永久秀は将軍足利義輝を襲って自害に追い込んだ人物である。

(2)赤松満祐（一三八一—一四四一）　室町前期の武将。室町将軍に遺恨を持ち、将軍足利義教を自邸に招いて殺害、幕府軍の追討を受けて自害した。

(3)『山門』 並木五瓶作。初演は安永七年（一七七八）大坂角の芝居。初演時の名題は『金門五三桐』だが、寛政十二年（一八〇〇）江戸初演の際『楼門五三桐』と改題。通称『山門』あるいは『楼門』。

(4)並木五瓶（一七四七―一八〇八）歌舞伎狂言作者。大坂道修町《どしようまち》の生まれ。初世並木正三に入門、二十三歳のころから並木五八（のち五兵衛）の名で浜芝居の作者となり、傑作『金門五三（山）桐』などを書いて、大人気を博す。「五瓶」と名を改めた翌年の寛政六年（一七九四）に江戸へ下り、『五大力恋緘《ごだいりきこいのふうじめ》』でまた大当たりをとった。江戸で没。

(5)並木正三（一七三〇―七三）歌舞伎狂言作者。大坂道頓堀の芝居茶屋の息子。十九歳でデビュー作『鍛冶屋娘手追噂《かじやのむすめておいのうわさ》』を書く。二十歳で浄瑠璃作者の並木千柳（宗輔）の門弟となり、並木正三を名乗る。師千柳の没後、歌舞伎に復帰（一七五三）、以後二十年間に九十もの歌舞伎脚本を書いた。劇中の人物として自身を登場させる『宿無団七時雨傘《やどなしだんしちしぐれのからかさ》』は現代でも上演されている。

(6)石川五右衛門　安土桃山時代の盗賊。生没年不詳だが実在した人物で、文禄三年（一五九四）八月に京三条河原で〝釜にて煮られた盗人〟がこの五右衛門と考えられている。

(7)コンゲーム　コンは confidence の略。相手を信用させて金品をまきあげる信用詐欺の手口を指す言葉から、ミステリーなどのジャンルでは、練りに練った罠で相手を騙していくプロセスを描くような作品が、コンゲーム小説と呼ばれる。

(8)**殺生関白**　秀吉の甥《おい》で養子の豊臣秀次（一五六八―九五）のこと。秀吉から関白職を継いだが、秀吉に実子（秀頼）が誕生するとうとまれ、自暴自棄から無意味な殺人を繰り返したとされる。そこから「殺生関白」と呼ばれた。秀吉の命で切腹。

(9)**徽宗**（一〇八二―一一三五）　中国北宋の第八代皇帝。政治的手腕はなく、国政を衰微させた。いっぽう詩文書画は第一級で、とりわけ花鳥を精密繊細に描く「院体画」の完成者として知られ、その画は日本でも早くから珍重された。

(10)**蘭奢待**　七―八世紀に中国から渡来した香木。奈良正倉院の目録では「黄熟香《おうじゆくこう》」だが、のち蘭奢待を雅名とした。蘭奢待という字の中に「東大寺」の三文字が隠されている。

(11)**養父の仇**　明智光秀は天正十年（一五八二）、山崎天王山の戦いで秀吉に敗れて、「三日天下」に終わった。

(12)**初代尾上菊五郎**（一七一七―八三）　京都の生まれで、尾上左門に弟子入りし、若衆方から女形になる。寛保二年（一七四二）、大坂に来演した二代目市川團十郎と『鳴神《なるかみ》』を競演したのが縁で、伴われて江戸に上り、のち幅広い芸の立役になった。当たり役は『忠臣蔵』の大星由良之助など。

(13)『役者大矢数《やくしやおおやかず》』　安永七年（一七七八）五月刊を参照。

(14)**五代目市川團蔵**（一七八八―一八四五）　姫と娘役以外はなんでもこなしたという器用な役者。写実的な扮装をして誇張の少ない渋い演技を持ち味としたので、「渋團《しぶだん》」と呼ばれた。

(15)『役者註真庫《やくしやちゆうしんぐら》』文政十年（一八二七）正月刊を参照。

(16)『役者現銀店《やくしやげんきんだな》』天保六年（一八三五）正月刊を参照。

(17)**大仏供養**　豊臣秀吉は天正十六年（一五八八）から六年をかけて、京都東山の麓に高さ十八メートルの巨大な大仏（東大寺大仏は約十五メートル）と大仏殿を建立した（方広寺大仏）。しかし慶長元年（一五九六）の開眼供養の直前の大地震で倒壊した。

(18)**回り舞台**　「ぶん回し」の四角い二重舞台を舞台いっぱいの丸い盆に変え、それに独楽《こま》のように心棒をつける。それを深く掘り下げた奈落に通して回す、というのが並木正三が考えた回り舞台。その後すぐに、舞台の床板を丸く切り抜いて、舞台そのものを奈落で回すという、現代と同じ機構が発明された。

(19)**『けいせい天羽衣』**　初演は宝暦三年（一七五三）大坂大西芝居。北川惣左衛門《そうざえもん》を名乗る足利義視《よしみ》の遺児と赤松満祐の遺児赤松四郎が手を組んで、足利義尚《よしひさ》の現政権を転覆させようと企てる謀叛人劇。北川惣左衛門という名前は、初演当時に流行した疫病のまじないに「キノニノヤノハノモノ北川惣左衛門宿」と書いた札を貼ったことによるもので、キノニノヤノハノモノも劇中で主人公二人の合い言葉に使われている。ラストは北川惣左衛門の家来夫婦が二階で自害し、その血が階下に流れ落ちて、その血を飲んだ足利の姫君の病気が治るという設定で、二階には惣左衛門と家来夫婦の三人、階下に姫君と赤松四郎、現体制側の細川勝元とその家来の四人がいて、計七人がいっきにせり上がってくることになる。

(20)『三十石艠始』　初演は宝暦八年（一七五八）大坂角の芝居。淀川の治水事業を背景に、花満左衛門《はなみつさえもん》の刃傷・切腹と、その家臣神道《しんどう》源八の一家が苦心の末に主人の敵を討つまでの物語。最大の見せ場は回り舞台を駆使した敵討ちの演出だが、敵役である川浦りうけんのモデルは河村瑞賢《ずいけん》。淀川の新流路開発や安治川《あじがわ》開削など治水家として有名な人物を悪人に仕立て、彼が実は明智光秀の家臣斎藤内蔵之介だという設定にしている。

(21)『桑名屋徳蔵入船物語』　初演は明和七年（一七七〇）大坂中の芝居。海上で問答の末に大入道を退散させた豪胆な船乗り桑名屋徳蔵の話と、金毘羅《こんぴら》信仰を取り入れて、讃岐高丸家のお家騒動に仕組んだ作品。

第八章

(1)アプレゲール　もともとは第一次世界大戦後、フランスで巻き起こった新しい芸術を生みだそうとするムーブメントを指して使われた言葉。日本では第二次世界大戦後、旧世代と一線を画する「新世代」の文学者らが自らをこう称したが、戦後の無軌道な若者たちの意味にも用いられるようになった。

(2)本居内遠（一七九二―一八五五）江戸後期の国学者。名古屋に生まれ、のちに紀州徳川家に仕え『紀伊続風土記』を編纂。

(3)「舞と踊との差別」と題された柳田の文章に、「当世の語でいへば目的の『地』に在り、耳に説くを主とするものが舞、『手』に依《よ》つて目に訴へるのを本旨とするものが踊と、斯《こ》う区別することが適当ではないかと考へるのである」とある。

(4)「舞ひと踊りと」より。

(5)空也上人（九〇三―九七二）　平安中期の僧。修行僧として「南無阿弥陀仏」を唱えて諸国を巡り、土木工事などの社会事業、仏像や寺の建立に貢献。浄土教を広く大衆に広めたことから「市聖《いちのひじり》」「阿弥陀聖《あみだひじり》」と呼ばれる。布教のため、人を集め鉦を叩き念仏を唱えながら踊ったとも伝えられる。

(6)一遍上人（一二三九―八九）　鎌倉中期の僧。幼くして出家。寺での修行ののち、熊野に参籠したときに感得して一遍を名乗り、念仏札を配るために各地を巡るようになる。寺院に属さず生涯を遊行《ゆぎょう》に費やし、「捨聖《すてひじり》」「遊行上人《ゆぎょうしょうにん》」と称される。踊り念仏は空也上人にならい、信濃を訪れた折に初めて行なったといわれ、その後各地に広まった。

(7)白拍子　平安末期に起こり鎌倉時代にかけて流行した歌舞で、またそれを行なう舞女を指す。『平家物語』では鳥羽天皇のころに島の千歳《せんざい》と和歌の前《まえ》が始めたとされている。平清盛に愛された祇王《ぎおう》や源義経の恋人として知られる静御前などの美しい白拍子が、当時の物語に登場する。

(8)小泉八雲（一八五〇―一九〇四）　本来の名はパトリック・ラフカディオ・ハーン。母の故郷であるギリシャで生まれ、父の故郷アイルランドに移住。十九歳でアメリカに渡る。新聞社に職を得て、一八九〇年に特派記者として来日。島根、熊本、神戸、東京と移り住み、教鞭《きょうべん》を取りながら日本を世界に紹介する文章を書き続けた。一八九六年に帰化し、小泉八雲と名乗る。代表作に、日本の古典や民話に取材した『怪談』や『東の国から』などがある。

(9)『日本瞥見記』　英語のタイトルは〝Glimpses of Unfamiliar Japan〟(上下巻)。ラフカディオ・ハーンが日本から発信した観察記の第一弾で、明治二十七年(一八九四)にアメリカで出版された。「住んでいる人間が、どれもこれもみんな小さくて、風変りで、とてもこの世のものとは思われない」という上陸初日についてのコメントに始まり、極東の国の強烈な印象が綴られている。引用は平井呈一訳、恒文社刊『日本瞥見記』より。

(10)α波　脳が発する脳波の一つ。リラックスしているときや目を閉じているときに、このα波が多くなることが知られている。

(11)『歌舞妓事始』　宝暦十二年(一七六二)に京都で出版された全五巻からなる芸能書。歌舞伎の起源に始まり、芝居の記録や年中行事、寛永から宝暦に活躍した役者、作者についての記述など、内容は多岐にわたる。

(12)『当代記』　寛永年間、一六一五年ころに成立したと推定される史料。これには「慶長八年四月、此頃カブキ躍ト云事有、出雲國神子女名ハ國、但非二好女一、出仕、京都へ上ル、縦バ異風ナル男ノマネヲシテ、刀、脇指、衣装以下殊異相也、彼男、茶屋ノ女トタハムル丶體、有難クシタリ、京中ノ上下賞翫スル事不レ斜、伏見城へモ参上し、度々躍ル、其後学レ之、カブキノ座イクラモ有テ、諸國エ下ル、但江戸右大将秀忠公ハ終不二見給一」とある。

(13)『野槌』　元和七年（一六二一）刊。下巻に「近年、出雲巫《いずものみこ》京に来て、僧衣をきて鉦をうち仏号を唱へて、始は念仏おどりといひしに、その後、男の装束し刀を横へ歌舞す、俗にかぶきと名づく」とある。

(14)林羅山（一五八三―一六五七）　江戸初期の儒学者。京都に生まれ、若くして徳川家康に才を買われて、以降四代の将軍に仕える。成立期の江戸幕府のブレーンとして、諸制度、儀礼などの制定にも関わった。歌舞伎については『羅山文集　五十六雑著』に「男服㆓女服㆒、女服㆓男服㆒、断㆑髪為㆓男髻㆒、横㆑刀佩㆑嚢、卑謳俚舞、淫哇嘈雑、撾鳴蟬噪、男女相共、且歌且踊、此今之歌舞妓也」とある。

(15)かぶき草紙　「お国かぶき」など初期の歌舞伎の様子を、彩色した絵と言葉とで描いた肉筆の草紙類の総称。

(16)「洛中洛外図」　京都の町の中や郊外を俯瞰《ふかん》するように描いた都市風俗画で、室町後期から江戸時代にかけて盛んに作られた。六曲一双の屛風に仕立てられているものが多い。当時の町並みや建物とともに、そこに集う人びとの姿が細密に描かれ、風俗史料としての価値も高い。

(17)名古屋山三（＝名古屋山三郎）　実在の名古屋山三（？―一六〇三）は戦国時代の武将で、屈指の槍の名手と謳われた。非常な美貌の持ち主であり、遊芸にも秀で、かぶき者としても有名に。お国が舞台にその亡霊を登場させたことから、お国の恋人だったとの伝説が生まれた。

(18)水木辰之助（一六七三―一七四五）　元禄期を代表する上方の女形。所作事に秀で、槍踊りや七化けなどアイデアあふれる踊りが人気を呼んで、演技にも定評のあった女形で、初代芳沢あやめと並び称された。

(19)『京鹿子娘道成寺』　宝暦三年（一七五三）　江戸中村座初演。道成寺の鐘供養に訪れた白拍子が、舞いを披露するうちに鐘の中に飛び込み、大蛇へと変身するという能の『道成寺』（注［24］）の枠組みを取り入れながら、歌舞伎の『道成寺』は女形の踊りを見せるための演目として大胆に作り変えられている。衣裳の引抜を随所に用い、恋にまつわるさまざまなバリエーションの振りを一人で踊りぬく、約一時間の大曲。

(20)河竹登志夫著『比較演劇学』所収。

(21)六代目中村歌右衛門（一九一七―二〇〇一）　戦後の歌舞伎を代表する歌舞伎役者。五代目歌右衛門の次男として生まれ、児太郎、福助、芝翫《しかん》の芸名を経て、一九五一年に再建された歌舞伎座で六代目歌右衛門を襲名。生涯歌舞伎一筋を貫き、赤姫や傾城などの大役を高いレベルで表現し、女形の最高峰として歌舞伎界を支え続けた。

(22)七代目尾上梅幸（一九一五―一九九五）　六代目尾上菊五郎の養子となり、一九四八年に七代目尾上梅幸を襲名。戦後を代表する女形として、六代目歌右衛門と並び称される。柔らかいすっきりした芸風で、特に世話物に本領を発揮。『源氏物語』など新作にも意欲的に取り組んだ。

(23)佐渡嶋長五郎（一七〇〇―五七）　江戸中期の上方の役者。立役だったが所作事を得意としていたといわれる。「しょさの秘伝」を含む『佐渡嶋日記』は、『役者論語』（第二章注〔24〕）に収録されている。

(24)能『道成寺』 僧安珍に思いを寄せた清姫が、裏切られ、鐘とともに安珍を焼き殺したというのが、紀州に伝わる安珍清姫伝説。その後日譚として、四百年ほどのちの道成寺で、再興された鐘の供養に清姫の亡霊が白拍子の姿で現われ、やがて蛇に変身して鐘を引きずり下ろしたという話がある。能の『道成寺』はこの後日譚に基づいている。シテ（主役）と鼓との掛け合いで演じられる「乱拍子」と呼ばれる舞い、シテが落ちてくる鐘の中に飛び込む「鐘入り」などが見どころの大曲。

(25)常磐津 語り物の音楽である浄瑠璃の一種。豊後節から派生して十八世紀中ごろに成立。江戸歌舞伎の隆盛とともに発展した。語りと唄のバランスの良さ、自然な発声が特徴で、歌舞伎舞踊の伴奏として欠かせないものとなる。代表曲は『関の扉』『戻駕《もどりかご》』『将門《まさかど》』など。

(26)清元 豊後節系浄瑠璃の一種で、十九世紀初めに江戸で成立。本来は語り物でありながら、歌い物である長唄の影響が強く、甲高い声、洒脱な節回しなどに特徴がある。代表曲は『保名』『累《かさね》』『喜撰《きせん》』など。

(27)『京鹿子娘道成寺』の見どころとなる部分の歌詞は以下の通り。「恋の手習つい見習いて、誰《たれ》に見しょとて口紅《べに》かねつきよぞ、みんな主《ぬし》への心中立《しんじゅだ》て、おお嬉《うれ》し、おお嬉し、末はこうぢやにな、そうなるまでは、とんと言わずに済まそぞえと、誓紙《せいし》さえ偽《いつわり》か、うそか誠《まこと》か、どうもならぬ程逢いに来た、ふっつり悋気《りんき》せまいぞと、嗜《たしな》んで見ても情なや、女子《おなご》には何がなる、殿御《とのご》殿御の気が知れぬ、気が知れぬ、悪性《あくしょ》な悪性な気が知れぬ、恨み恨みてかこち泣き、露《つゆ》をふくみし桜花《さくらばな》、さわらば落ちん風情なり」

(28)丸本物　もともと人形浄瑠璃だったものを歌舞伎に移した演目を指す言葉。義太夫狂言、丸本歌舞伎ともいう。「竹本」と呼ばれる義太夫の語りがつく。

(29)引抜に関して『佐渡嶋日記』には、「近年所作事をする役者、おびただしう衣裳を着かさね、所作の間々に、はやし方の並《ならび》ゐる方へ向ひ、見物を後になして、件《くだん》の小袖をひとつづつぬぐなり。所作事に上着をぬぐといふ心は、見物長事を見詰て居れば、なんぼう面白き事にても、すこしは眼にそむものなれば、其ねぶりを覚さんがために脱《ぬぐ》ものなるに、中古より余慶《よけい》着重ねるを全盛にして、余りさいさいぬぐゆゑ、せはしなく却《かえっ》て眼のさまたげに成《なる》なり」とある。

(30)初代瀬川菊之丞（一六九三—一七四九）　江戸中期の女形。所作事を得意とし、能の『道成寺』や『石橋』を歌舞伎舞踊に仕立てて大当たりをとる。上方から江戸に下っても大変な人気を得て、「三都随一の女方」と呼ばれるようになる。女形の心得を記した芸談書『女方秘伝』を残す。

(31)『鏡獅子』　本名題は『春興鏡獅子《しゅんきょうかがみじし》』。明治二十六年（一八九三）、九代目市川團十郎により東京歌舞伎座で初演。大奥の鏡開きという設定で、前半は小姓と呼ばれる若い御殿女中の弥生《やよい》が踊りを披露する。手踊り、扇を用いた踊りなどのあと祭壇にある獅子頭を手にすると、獅子頭は魂が入ったかのように蝶《ちょう》を追い始め、弥生は引きずられるように揚幕の内へと消える。胡蝶《こちょう》の精二人による踊りを挟んで、後半では真っ白な長い毛の鬘をつけた獅子の精の姿で登場。前半の女らしい踊りと後半の荒々しい踊りを一人で演じ分けるところが見どころで、獅子の精の豪快な毛ぶりでも人気の演目。

(32)『連獅子』　歌舞伎での初演は明治五年（一八七二）東京村山座。「石橋物」のバリエーションの一つで、獅子がわが子を谷に突き落として試練を与えるという喩《たと》えを題材にしている。前半は手獅子を持った狂言師二人の踊り、後半は親子の獅子による踊りで構成され、二頭並んでの毛ぶりがクライマックスとなる。

(33)後ジテ　「シテ」とは能の主役を指す言葉。「シテ方」と呼ばれる能楽師によって演じられる。話が前後二段に分かれ、シテがいったん退場する作品においては、前半が「前ジテ」、後半が「後ジテ」と呼ばれる。

(34)荻野沢之丞（一六五六―一七〇四）　江戸前期の女形。上方で人気を得たのち、江戸に下り、初代市川團十郎と共演して活躍。美貌で愛嬌《あいきょう》もあった役者で、沢之丞を真似たファッションが巷で流行したといわれる。『歌舞妓事始』の「衣裳《いしょう》体紀原《ていのきげん》」の項には、「むかしハ女形の帯の幅三寸五分、四寸ほと成しが、荻野沢之丞『鳴神』の狂言に、帯の見へあしき故幅広の帯を仕たりしより、今に専らこれを用ゆ」との記述がある。

(35)カタカリ　インドの古典舞踊の一つで、南インドのケララ州を中心に発展。叙事詩『ラーマーヤナ』『マハーバーラタ』などをテーマにした物語形式の舞踊で、こまやかな手の動きや、筋肉を部分的に動かして作る顔の表情に特徴がある。

(36)橘逸勢（？—八四二）平安初期の書家・官人。嵯峨《さが》上皇が没した直後に乱を企てたとして伊豆へ流され、配流の途中で病死した。

(37)勘合の印「勘合の印」は本来、十四世紀末〜十六世紀にかけて行なわれた明と諸国との貿易において、公認の貿易船に与えられた許可証を指すが、この芝居では、権力を手に入れるための神器のように扱われている。

(38)割符　相手を確認するために文字などを書いて二つに割り、それぞれが所持した木や竹製の札のこと。

(39)小野小町　平安前期の歌人。生没年や系譜は定かでないが、絶世の美女と謳われ、日本各地に小町にまつわる伝説が残り、さまざまな芸能や文学の題材にもなった。『古今集』の仮名序では小町の歌が、「好《よ》き女《おうな》の、悩める所有るに似たり」と表現されている。

(40)良岑宗貞（八一六—八九〇）　良岑宗貞は、平安前期の僧で歌人の遍昭の俗名。桓武《かんむ》天皇の孫にあたるという生まれで、仁明天皇（注［44］）に仕えたのち、天皇の崩御により出家。修行ののち花山元慶寺《かざんがんけいじ》を建立し、紫野《むらさきの》雲林院《うりんいん》の別当となり、仁和《にんな》元年（八八五）には僧正の地位に昇りつめた。花山僧正とも呼ばれる。

(41)大伴黒主（＝大友黒主）　平安時代の歌人で、生没年は不詳。近江大友郷の人といわれる。『古今集』『後撰和歌集』『拾遺和歌集』にその歌が収録されている。

(42)六歌仙『古今和歌集』の仮名序で、選者の一人である紀貫之が「近き世に、その名聞えたる人」として挙げた歌人が、僧正遍昭、在原業平、文屋康秀《ふんやのやすひで》、喜撰法師、小野小町、大伴黒主で、のちに六歌仙と呼ばれるようになった。

(43)『古今和歌集』仮名序に、「黒主は、その様、卑し。言はば、薪負へる山人の、花の陰に休めるがごとし」とある。ちなみに謡曲『志賀』では、花の木陰に休む老人が実は黒主の亡霊だったと描かれる。

(44)仁明天皇（八一〇―八五〇）　平安初期、第五十四代の天皇。在位期間は八三三〜八五〇年。

(45)『ジェスチャー』　テレビ放送が開始された昭和二十八年（一九五三）にスタートし、十五年にわたって親しまれたNHKの人気番組。男性チームと女性チームに分かれ、紙に書かれた文章の内容を身振りや表情だけで仲間に伝えるというゲームが、お茶の間の定番になった。

(46)三井寺　滋賀県大津にある天台寺門宗の総本山。正式名称は長等山園城寺《ながらさんおんじょうじ》。七世紀に大友氏によって創建されたといわれる。『平家物語』をはじめ、さまざまな古典文学にも登場する名刹。

(47)布留の御寺　布留は大和の石上《いそのかみ》のこと。ここの寺に遍昭が暮らしていたといわれ、『後撰和歌集』には「岩の上に旅寝をすればいと寒し　苔《こけ》の衣を我に貸さなん（小町）」、「世をそむく苔の衣はたゞ一重かさねば疎《うと》しいざ二人寝ん（遍昭）」と、石上を訪ねた小町との歌のやりとりが載っている。

(48)宝田寿来（一七四〇―九六）　江戸中期の狂言作者。別名劇神仙《げきしんせん》ともいう。作品で有名なのは『関の扉』くらいだが、当時の劇壇では大変な博識家として知られていた。

(49)衛の国　中国周時代から戦国時代にかけて、河南《かなん》省にあった諸侯国。春秋時代の君主の相続争いで、弟王子寿が腹違いの兄王子伋《きゅう》の身替わりになって死んだという故事が残る。

(50)斑足太子　インドの伝説上の王。邪教に染まり、千人の王の首をとって塚とし、大王になろうと企てるが、千人目の王によって改心し、悟りを開いたと伝えられる。

(51)大友皇子（六四八―六七二）　天智天皇の皇子。天智天皇が没したのち、大海人皇子《おおあまのおうじ》との皇位争いが内乱に発展（＝壬申の乱）。近江での決戦に敗れて自害を遂げる。

(52)伴善男（八一一―八六八）　平安前期の貴族。八六六年、内裏の応天門が炎上した事件が発端となり、大納言伴善男は火災が左大臣源信《まこと》の仕業と告発。しかし、逆に伴善男父子が真犯人との密告があって、伴善男は伊豆に流された。藤原氏との権力争いが背景にあり、事件は応天門の変と呼ばれる。

(53)大伴家持（七一八？―七八五）　奈良時代の官人で、『万葉集』を代表する歌人。『万葉集』には家持の歌が最も多く収められている。また、「かささぎの渡せる橋におく霜の白きを見れば夜ぞ更けにける」の歌が百人一首に入っている。

(54)グラン・パ・ド・ドゥのコーダ　「パ・ド・ドゥ」は、男女二人のダンサーによる踊りを指すバレエ用語。十九世紀に振付家マリウス・プティパが、四曲構成による「グラン・パ・ド・ドゥ」の形式を作りあげた。男女の踊りに始まり、男性のソロ、女性のソロと続き、男女の踊りに終わるという展開で、最後のペアのスピーディーな踊りが「コーダ」と呼ばれる。

(55)『世界の幕なし』本膳亭坪平《ほんぜんていつぼひら》作、天明二年（一七八二）刊。

(56)天明の大飢饉　天明二年（一七八二）から天明八年（一七八八）にかけて起こった大飢饉。連年の冷害や悪天候に、岩木山や浅間山の噴火が加わって農作物が激減。被害は東北地方から全国に広まって多数の死者を出し、米屋の打ちこわしといった事件も頻発するようになった。

(57)田沼意次（一七一九―八八）　江戸中期、第十代将軍徳川家治の時代の幕府老中。将軍の小姓としてスタートし、異例の出世を遂げて五万七千石の相良《さがら》藩主となり、老中にまで上り詰めた人物。悪化していた幕府財政を立て直す経済政策に手腕を振るい、田沼時代に都市経済は活性化したが、反面、農村部は廃れ、贈収賄が横行するようなマイナス面が批判の的となっていった。天明の大飢饉などで時代状況が悪化する中、将軍家治の逝去直後に失脚。

(58)松平定信（一七五九―一八二九）　田沼意次失脚後、第十一代将軍徳川家斉《いえなり》のもとで老中首座となる。白河藩主として天明の大飢饉を乗り切った手腕を買われての任命。田沼とは正反対の方針で、倹約令や風紀取締りなどの「寛政の改革」を断行し、幕府の建て直しを図った。

(59)三代目坂東三津五郎（一七七五―一八三一） 文化・文政期を代表する江戸の名優。『願《がん》人坊主《にんぼうず》』『浅妻船《あさづまぶね》』などの変化舞踊が人気を呼んで、江戸随一の所作事の名人と称され、上方の名優・三代目中村歌右衛門と競い合った。

(60)『鷺娘』 宝暦十二年（一七六二）江戸市村座初演。もとは五変化舞踊『柳雛諸鳥《やなぎにひなしょちょうの》囀《さえずり》』の一つ。白鷺の精を主人公にした長唄による舞踊。雪の中、白無垢《しろむく》姿でのしっとりした踊りから町娘の軽快な踊りとなり、最後の地獄の業火《ごうか》に責めさいなまれる姿まで、引抜を駆使した変化に富んだ演出で、恋する女心がたっぷりと描かれる。

(61)『藤娘』 文政九年（一八二六）江戸中村座初演。もとは、近江名物の大津絵に描かれた人物が絵から抜け出すという設定の五変化舞踊「歌へす〲余波大津絵《かえすがえすおなごりおおつえ》」の一部だったが、昭和になって六代目菊五郎が藤の精として出る形に変えて、以降はこの演出が多く行なわれるようになった。松の大木に満開の藤がからむ幻想的な舞台装置、藤づくしの衣裳や髪飾りなど、華やかさあふれる舞台。

(62)『汐汲』 文化八年（一八一一）江戸市村座初演。もとは三代目坂東三津五郎が演じた七変化舞踊『七枚《しちまい》続花《つづきはな》の姿絵《すがたえ》』の一つが独立して演じられるようになった。能の『松風』を題材にしており、海女《あま》の松風が、恋人である在原行平《ありわらのゆきひら》を想い、彼の形見の衣裳を身につけて踊る姿が描かれる。

(63)『越後獅子』 文化八年（一八一一）江戸中村座主演。もとは三代目中村歌右衛門が演じた七変化舞踊『遅桜手爾葉七字《おそざくらてにはななもじ》』の中の一つ。市中を練り歩く越後の大道芸、角兵衛《かくべえ》獅子の様子を描いた舞踊で、そのローカル色が江戸で人気を呼んだ。

(64)『供奴』　文政十一年(一八二八)江戸中村座初演。もとは三代目歌右衛門が演じた七変化舞踊『拙筆力七以呂波《にじりがきななついろは》』の一つ。吉原に行く主人の供を務めるはずの奴が主とはぐれてしまうという設定の、軽快でユーモラスな踊り。奴の足拍子が見どころ。

第九章

(1)『勧進帳』　天保十一年(一八四〇)江戸河原崎座初演。歌舞伎十八番の一つで、能の『安宅《あたか》』をもとに七代目團十郎が創演した。三世並木五瓶作。四世杵屋《きねや》六三郎長唄作曲。山伏の姿に身をやつして奥州に逃れようとする源義経一行の前に加賀国《かがのくに》安宅の関の関守富樫《とがし》がたちふさがり、東大寺再建の勧進(寄付を募るための回国《かいこく》)なら「勧進帳」を読めと迫る。弁慶は機転をきかせて白紙の勧進帳を堂々と読みあげ、また強力《ごうりき》(荷物持ち)に変装した義経が見破られそうになると彼を杖《つえ》で打ちすえてごまかす。富樫は弁慶の苦衷を察して関所の通行を許可するというストーリー。

(2)貞子　鈴木光司のホラー小説『リング』に登場する〝すでに死んでいる女性〟山村貞子のこと。平成七年(一九九五)にテレビドラマ化、十年に映画化され、近年のジャパニーズホラーブームのさきがけとなった。

(3)三代目尾上菊五郎(一七八四—一八四九)　文化・文政期を代表する江戸の名優。江戸小伝馬町《こでんまちよう》の建具屋の子。当たり役はお岩のほかに、『忠臣蔵』の勘平、『千本桜』の権太など。

(4)『俳優百面相』　伊原敏郎著『近世日本演劇史』に転載より。

(5)二代目関三十郎（一七八六—一八三九）京の役者。文化五年（一八〇八）江戸へ下り、文政期には大立物となった。和事・実事を本領とし、「名人関三《せきさん》」と称された。

(6)『筆まかせ』　伊原敏郎著『近世日本演劇史』に転載より。

(7)『積善翁筆記《せきぜんおうひっき》』　伊原敏郎著『近世日本演劇史』に転載より。

(8)『積善翁筆記』　伊原敏郎著『近世日本演劇史』に転載より。

(9)初代尾上松助（一七四四—一八一五）大坂の生まれ。初代尾上菊五郎の門弟から宝暦十一年（一七六一）初代松助となる。引抜衣裳による早替わりや、顔の変化を鬢《びん》の仕掛けで見せるなど、若いうちから工夫に富み、「怪談狂言」の祖とされる。文化六年（一八〇九）六十六歳で初代尾上松緑《しょうろく》を名乗った。

(10)「骨寄せ」の演出　現代でも上演されるものとしては、河竹黙阿弥作『加賀見《かがみ》山《やま》再《ごにちの》岩《いわ》藤《ふじ》』（一八六〇）のクライマックスで、ばらばらに散乱していた岩藤の骨が集まって一体の骸骨になるシーンがある。

(11)『天竺徳兵衛韓噺』　文化元年（一八〇四）江戸河原崎座初演。近松半二作の人形浄瑠璃作品『天竺徳兵衛郷鏡《さとのすがたみ》』を歌舞伎に脚色したもの。それ以前に並木正三の『天竺徳兵衛聞書往来《ききがきおうらい》』という作品があり、これは江戸初期に天竺まで行ったという漁師徳兵衛の実話に取材。徳兵衛を日本の国の転覆を狙う謀叛人に仕立てたスケールの大きな物語。

(12)『御狂言楽屋本説』　幕末の安政五—六年（一八五八—五九）に江戸で出版された、二篇四冊からなる歌舞伎の絵入り解説書。二世三亭春馬著、国貞・芳艶・国綱画。当時の歌舞伎独特の演出を伝える好資料。

(13)鶴屋南北　南北は五世までいるが、『東海道四谷怪談』で知られる狂言作者の南北は四世（一七五五—一八二九）で大《おお》南北と呼ばれる。市井の風俗や生活を徹底して写実する「生世話《きぜわ》」、残虐な殺し場などの強調による劇的展開、怪奇趣味や奇抜な趣向など独自の作風で、歌舞伎に一時代を画した。

(14)五代目松本幸四郎（一七六四—一八三八）　文化・文政期の江戸の役者。四代目の子で、享和元年（一八〇一）五代目を襲名。はじめは和事も演じたが、実悪の役柄で本領を発揮した。鼻の高い独特の容貌から「鼻高幸四郎」と呼ばれて親しまれた。南北と組んだ作品は数多く、『四谷怪談』では直助権兵衛を演じた。

(15)五代目岩井半四郎（一七七六—一八四七）　文化・文政期の江戸を代表する女形。四代目の子で、文化元年（一八〇四）五代目を襲名。愛嬌に富む容貌・芸風から「眼千両」「大太夫《おおたゆう》」と称された。「悪婆《あくば》」と呼ばれる毒婦の役柄を得意とした。

(16)矢頭右衛門七（一六八六—一七〇三）　赤穂四十七士の一人。討ち入り前に病死した父矢頭長助に替わって参加。打ち入り当時はまだ部屋住みの十七歳で、四十七士中、大石主税（十五歳）に次ぐ年少だった。

(17)『中将姫京雛』　二代目中村清五郎作。宝永五年（一七〇八）江戸中村座で初演。中将姫

は伝説上の女性。奈良県当麻寺《たいまでら》に伝わる「当麻曼荼羅《まんだら》」の縁起によると、奈良時代、当麻寺で出家した横佩《よこはぎ》大臣の姫が、阿弥陀仏を念じて観音の助けにより、蓮の茎からとった糸でこの曼荼羅を織り上げたという。この伝説は人形浄瑠璃にも取り入れられて『鶊山姫捨松《ひばりやまひめすてまつ》』という作品になり、これが今日の歌舞伎にも残る。

(18)八百屋お七（一六六八?―八三）江戸本郷の八百屋の養女で、火事で避難したときに出会った男に再び会いたいばかりに放火し、品川鈴ヶ森で火刑に処せられたという。西鶴『好色五人女』はじめ、多くの浄瑠璃・歌舞伎の題材となった。南北にも『敵討《かたきうち》櫓太鼓《やぐらのたいこ》』という作品がある。

(19)『助六』　歌舞伎十八番の一つ。現代では『助六由縁江戸桜《ゆかりのえどざくら》』というタイトルで上演されることが多い。原型は正徳三年（一七一三）に二代目市川團十郎が演じた『花館愛護桜《はなやかたあいごのさくら》』。助六（実は曾我五郎）は紛失した名刀友切丸《ともきりまる》を探して、夜毎吉原で喧嘩を売っては刀を抜かせようとしているが、助六と恋仲の傾城揚巻に横恋慕する意休《いきゅう》は、悪態をつかれても刀を抜かない。いっぽう白酒売りの姿で助六に意見しに来た兄（曾我）十郎も、刀詮議の意図を知って喧嘩の指南を受ける始末。その後、意休に罵倒された助六が我慢していると、図に乗った意休が意見がましく刀を取りだして香炉台をまっ二つに切る。その刀こそ友切丸と判明し、助六は意休を討ち果たして刀を取り戻すというストーリー。

(20)桜田治助（一七三四―一八〇六）　江戸生粋の狂言作者だが、二十代半ばに足かけ四年間上方の劇場で勤めた経験の持ち主。その後江戸で立作者となり、同時代の多くの名優と提携した作品で劇壇をリードし続け、四十年の長きにわたって江戸作者のトップに君臨し、晩年は上方から来た並木五瓶と覇を競うかっこうとなった。浄瑠璃の文章に秀で、また名題（タイトル）や角書《つのがき》（キャッチコピー）のセンスに長けて、これが「桜田風」と称美された。現代に上演されるのは『伊達競阿国戯場《だてくらべおくにかぶき》』『大商蛭小島』『御摂《ごひいき》勧進帳』。舞踊の『戻駕』は今日でも上演頻度が高い。

(21)『桜姫東文章』文化十四年（一八一七）江戸河原崎座初演。新清水《しんきよみず》長谷寺《はせでら》の僧自休（後に清玄）と稚児白菊丸《しらぎくまる》が心中し、清玄だけが生き残って十七年後、吉田家の桜姫に生まれ変わった白菊丸と高僧になった清玄が再会。同寺院内で姫はかつて自分を犯して妊娠させた男、釣鐘の権助《ごんすけ》とも再会を果たすことになる。権助との淫らな密会を重ねた姫と、その相手という疑いをかけられて罪をかぶった清玄は共に追放される。落ちぶれて病の床に就いた清玄は、金を奪おうとする悪者夫婦に毒殺されるが、落雷で蘇生し、かどわかされてきた桜姫と再びめぐり合ってしまう。心中を迫る清玄を姫は過って殺すはめになり、身の始末を権助にゆだねて小塚原の女郎に売られてゆく。その後執拗につきまとう清玄の幽霊から、権助が父や弟を殺した犯人と知った姫は、わが子とともに権助を殺して敵を討ち、かつて吉田家から盗まれた家宝都鳥の一巻を取り戻すというストーリー。

(22)『大商蛭小島』天明四年（一七八四）江戸中村座の顔見世狂言として初演。その二番目は、源頼朝が平家討伐の兵を挙げるまでを題材とした「伊豆日記」の世界で、伊藤祐親《すけちか》の娘辰姫が髪をすきながら、頼朝と政子の仲を嫉妬してしだいに狂おしくなってゆく場面に、長唄のメリヤス「黒髪」が使われている。

(23)「黒髪」　桜田治助作詞の「メリヤス」の名曲。メリヤスは原則として唄一人、三味線一人でしんみりしたBGM風に演奏する短めの長唄音楽のこと。

(24)『阿国御前化粧鏡』　文化六年（一八〇九）江戸森田座初演。佐々木家の家老がお家横領を企《たくら》み、後室阿国御前が系図を隠すのを狩野《かのう》元信が色仕掛けで取り返したあと、元信が別の女性と祝言するのを知った阿国御前は、髪をすきながら憤死する。土佐又平が持つ名鏡の威徳によって一度は成仏したかに見えた阿国御前だが、その後木津川与右衛門と名を改めた又平の恋人累《かさね》に取りつき、累は醜女《しこめ》となって嫉妬に狂ったあげく与右衛門の手で殺されるというストーリー。

第十章

(1)河竹黙阿弥　（一八一六―九三）　歌舞伎狂言作者。江戸日本橋の湯屋の株売買業越前屋勘兵衛の子で、本名は吉村芳三郎《よしさぶろう》。若いころに家を出て貸本屋の手代となり本を乱読。雑俳《ざっぱい》などに才能を発揮するいっぽうで舞踊も修得。二十歳で五世鶴屋南北に師事し、天保十四年（一八四三）、二十八歳で二代目河竹新七を襲名。三十歳で江戸河原崎座の立作者となる。明治十四年（一八八一）、演劇改良運動を避けて引退表明するも書き続けた。生涯の作品数約三百六十。

(2)坪内逍遙　（一八五九―一九三五）　明治～昭和期の評論家・小説家・劇作家。江戸文

学・英米文学に親しみ、小説『当世書生気質《かたぎ》』や評論『小説神髄』で近代文学の黎明《れいめい》を告げた。シェイクスピア劇の翻訳や自身の創作を通じて演劇運動に寄与し、史劇として発表した『桐一葉《きりひとは》』と『沓手鳥《ほととぎす》孤城落月《こじょうのらくげつ》』は現代の歌舞伎でも上演されている。

(3)河竹登志夫編『河竹黙阿弥伝』より。

(4)『俺たちに明日はない』一九六七年のアメリカ映画。アーサー・ペン監督。大恐慌の時代を背景に、実在の銀行強盗、ボニー&クライドの破滅的な生き様を描いた青春映画。刑務所帰りのならず者クライドはある日ウェイトレスのボニーと出会い、やがて二人は銀行強盗を繰り返しながら町から町へとさすらうようになっていく。警察の捜査網をかわしての逃避行の果て、彼らは大量の銃弾を浴びて死を迎える。ウォーレン・ベイティー(プロデューサーも兼ねる)、フェイ・ダナウェイが主演。

(5)四代目市川小團次(一八一二―六六)幕末の名優。幼時に七代目市川團十郎に入門するも、若いころは江戸を離れて上方で修業。天保十五年(一八四四)四代目小團次を襲名、三年後に江戸に下る。黙阿弥と組んで新作を数多く上演。そこには江戸の生世話物に上方流の義太夫節をナレーションとして多用するテクニックが取り込まれた。

(6)『都鳥廓白浪』嘉永七年(一八五四)江戸河原崎座初演。通称『忍ぶの惣太《そうた》』。京都吉田家の元家臣山田六郎も、今は惣太を名乗り隅田川の長命寺堤で桜餅を売り、植木屋を営む男伊達。吉田家は家宝の都鳥の印が紛失して没落し、奥方とその子梅若丸は山田六郎を頼って東下するが、隅田堤で別れ別れになり、梅若は家の系図と二百両を持ってさまよううちに発病して、通りがかった惣太に介抱される。惣太は吉原の花魁花子を旧主吉田家の当主松若丸と察知し、その身請代に二百両が必要で、梅若の持つ金を借りようとして揉《も》み合いになり、過って梅若を絞め殺してしまう。翌日、惣太は殺したのが旧主の子と知り、死をもって詫《わ》びるというストーリー。

(7)黄巾　中国後漢の末期（二世紀末）に反乱を起こした宗教結社太平道の信徒たちは、黄色い布を頭に巻いていたところから「黄巾」と呼ばれた。

(8)『白浪五人男』　本名題『青砥稿花紅彩画』。文久二年（一八六二）江戸市村座初演。日本駄右衛門《ほんだえもん》、弁天小僧菊之助、忠信利平《ただのぶりへい》、赤星十三郎、南郷力丸の五人は、駄右衛門を首領とする強盗団を結成。武家娘に変装した弁天小僧は呉服商浜松屋で百両を強請《ゆす》り取ろうとするが、黒頭巾の武家に化けた駄右衛門が、わざと弁天を男と見破って主人幸兵衛を安心させ、その夜、一味で押し入って大金を奪おうとする。ところが弁天は幸兵衛の実子で、駄右衛門は幸兵衛の子として育てられた宗之助の実父であることが判明し、めぐる因果に驚くうちに捕手が迫る。捕手に囲まれた弁天は極楽寺山門の上で立腹《たちばら》を切って果て、駄右衛門は青砥藤綱《あおとふじつな》の手で縄にかかるというストーリー。

(9)松林伯圓　（一八三四―一九〇五）　明治時代の講釈師。常陸国下館《しもだて》藩の郡奉行の子。初代伯圓に弟子入りし安政元年（一八五四）、二代目伯圓を継ぐ。白浪物を得意として「泥棒伯圓」と呼ばれ、落語の三遊亭圓朝と寄席の人気を分け合った。

(10)『天保六花撰』　河竹黙阿弥が歌舞伎化した作品名は『天衣紛上野初花《くもにまごううえののはつはな》』。初演は明治十四年（一八八一）東京新富座。お数寄屋《すきや》坊主河内山宗俊は、質屋上州屋の娘浪路《なみじ》が奉公している松江家の殿様の妾《めかけ》にされようとして困っていると聞き、それを助けるべく、上野寛永寺の使僧に化けて松江家の屋敷に乗り込み、まんまと浪路を取り戻す。帰り際に正体を見破られても、開き直って逆に脅しをかけ、その場をうまく切り抜ける。いっぽう吉原の花魁三千歳《みちとせ》と恋仲の御家人直侍こと片岡直次郎は知り合いの賭博事件に関連して追われる身となり、三千歳に別れを告げに行って捕手に包囲されながらもいったんは逃げのびる。その後直次郎は自首するが、河内山の申し開きによって出獄が約束されるというストーリー。

(11)『鼠小僧』 河竹黙阿弥が歌舞伎化した作品名は『鼠小紋東君新形《ねずみこもんはるのしんがた》』。安政四年（一八五七）江戸市村座初演。義賊鼠小僧こと稲葉幸蔵は、刀屋新助と芸者お元《もと》を助けるため稲毛屋敷から百両を盗んで与えたが、極印《ごくいん》付の金のためにかえって新助は捕らえられ、また鼠小僧を手引きした件で辻番《つじばん》与惣兵衛《よそべえ》も拷問に遭う。易者に化けた鼠小僧は、蜆《しじみ》売り三吉や稲毛の若党からすべての事情を聞いて自首するというストーリー。

(12)『十六夜清心』 本名題『花街模様薊色縫』、初演時のタイトルは『小袖曾我薊色縫《こそでそがあざみのいろぬい》』。安政六年（一八五九）江戸市村座初演。鎌倉極楽寺の僧清心は遊女十六夜と心中する気で稲瀬川に飛び込んだものの、なまじ泳げるせいで死にきれない。おまけに通りがかりの少年を過って殺してしまい、後悔しきりで再び自害しようとしたところに、遊山船の騒ぎが聞こえてがらっと心境が一変。「一人殺すも千人殺すも取られる首はたった一つ」

と思い定めて、鬼薊《おにあざみ》の清吉という盗賊になる。いっぽう、十六夜は俳諧師の白蓮《びゃくれん》に救われており、再びめぐり合った二人は白蓮を強請って金を脅し取ろうとするが、白蓮が実は大泥棒で、清心が幼いときに別れた兄であり、清心が殺した少年も実は十六夜の弟であることがのちに判明。二人は運命の恐ろしさに打たれて、ついに自害を遂げるというストーリー。

⒀**新派**　「新派劇」。源流は明治半ばに政治青年が自由民権をアピールする手段として始めた「壮士芝居」。最初のスターであった「オッペケペー節」の川上音二郎が明治二十八年（一八九五）に歌舞伎座に進出したころから、旧派（歌舞伎）に対する演劇として「新派劇」と呼ぶようになった。さまざまな遍歴を経て「劇団新派」として今も続く。

⒁穂積以貫著『難波土産』に見える近松の聞き書き。

⒂**十五代目市村羽左衛門**（一八七四―一九四五）　大正・昭和前期を代表する二枚目役者。十四代目の養子。明治三十六年（一九〇三）十五代目襲名。容姿・口跡に優れ、助六、与三郎などを当たり役とした。とりわけ六代目尾上梅幸と組んで演じた世話物は名舞台と評された。

⒃**六代目尾上菊五郎**（一八八五―一九四九）　五代目の子。幼時から父のみならず九代目市川團十郎の訓育を受けた結果、時代物にも世話物にも長け、中でも舞踊は天下一品で、『娘道成寺』『鏡獅子』など当たり役が多い。明治三十六年（一九〇三）、父の死後すぐに六代目襲名。明治末から昭和初期にかけては市村座で初代中村吉右衛門とともに活躍

して菊吉時代を作る。新作にも熱心で、長谷川伸《しん》、宇野信夫らの作品をよく演じた。没後に歌舞伎俳優として初の文化勲章を受章した。

(17)『鸚鵡石』 歌舞伎のセリフを抜粋して載せた小冊子。江戸初期の寛文・延宝期(十七世紀後半)から存在するが、「鸚鵡石」と名づけられたのは安永期(十八世紀後半)から。

(18)『客者評判記』 式亭三馬著・歌川国貞画。文化八年(一八一一)刊。

解　説

ローレンス・コミンズ

私が松井今朝子さんと直《じか》にお会いしたのは、ほんの半年前のことだった。

私は、ポートランド州立大学で四〇年近く日本伝統芸能を授業で教え、実技として毎年、狂言や歌舞伎の公演を行ってきた。松井さんと知り合いになったのは、二〇二二年の五月末に行った学生英語歌舞伎『鰯賣戀曳網《いわしうりこいのひきあみ》』の公演をご友人の紹介で知った松井さんが、ライブストリームを観《み》てくださったのがきっかけだった。松井さんは、すぐにご自分のブログにこの英語歌舞伎についてコメントを書いてくださり、YouTube リンクも紹介してくださった。

大学側から私に、「この週の歌舞伎リンクのヒット数が急に増えたのはなぜだろう」と報告があった。「なるほど〜、松井さん効果だった!!」

二〇二二年九月末、早稲田大学とドナルド・キーン記念財団が私たちの英語歌舞伎『鰯賣戀曳網』を招聘《しょうへい》してくださり、早稲田大学で学生歌舞伎の部分上演を含んだ講演会が開催された。そこに松井さんが来てくださったのである！　その時はご挨拶しかできなかったが、二〇二三年二月、私がまた日本に行った際、ゆっくりとお話しする機会があった。「楽しい！　面白い！」というのが松井さんの印象だった。松井さんの最近の小説は初代市川團十郎の話であるが、私自身の研究も市川團十郎に大きく関わってきたので、話は大いに盛り上がった。私は、松井さんの機知に富んだ話し方に引き込まれ、その知識の深さや話の面白さに時の経《た》つのを忘れるほどだった。

そして今、私は松井今朝子さんの著書『歌舞伎の中の日本』の解説を書いている……。不思議なご縁であり、このご縁に深く感謝している。

さて、私はアメリカで生まれ育ったアメリカ人だが、「歌舞伎」は私自身の仕事と楽しみの大きな部分を占めている。私は、アメリカ、オレゴン州にあるポートランド州立大学の日本文学教授で、専門は日本伝統芸能である。博士号は、コロンビア大学の教授であったドナルド・キーン氏のもとで取得した。

私が初めて歌舞伎を観たのは、同志社大学に留学中の一九七二年十二月、京都南座の顔見世興行だった。この時の感動は忘れられない。大道具や衣装は豪華で、役者の存在感はすごかった。セリフや歌詞は全く理解できなかったが、舞台上の人物の対立や登場人物の心の悩みは十分に伝わった。

当時、京都の歌舞伎公演は少なかったが、公演がある場合は出来るだけ観に行った。その頃観た歌舞伎の中で、特に次の三つが忘れられない。

十三代目片岡仁左衛門の『七段目』の由良之助、先先代松本幸四郎の『矢の根』の曾我五郎、二代目中村鴈治郎の『沼津』である。鴈治郎が客席の間の通路を歩くと、観客は歓声をあげて彼のほうに手を伸ばしていた。その様子を見て、彼らはこの役者と歌舞伎をとても「愛している」のだと思った。私自身は高額な一階席ではなく、天井桟敷の席からその様子を見ていた。私のすぐ後ろには、真言宗の法衣を着た僧侶が座っていた。彼は舞台上の役者に最大音量で掛け声を頻繁にかけていたが、読経で鍛錬されていたからだろうか、大変うるさかったのを覚えている。終演時には、私は耳鳴りがしていたほどだ。しかし、その僧侶の熱狂的な掛け声からもわかるように、それだけ多くのファンが歌舞伎に魅了されているのだと思った。

歌舞伎は、他の舞台演劇に比べ、観客と役者の関係が異なるようだ。私は、歌舞伎を観ることによって別の視点で日本人や日本の社会を学べるのではないかと思った。これは、松井さんの著書『歌舞伎の中の日本』の主旨に近いのではないかと思う。

松井さんを知るにつれ、歌舞伎について、松井さんと私には一つの共通点があるのではないかと思えてきた。「歌舞伎は学問や観劇のためだけのものではなく、創作するものでもある」ということだ。

私は、博士論文のため京都大学で五年間古典演劇史の研究をしながら、色々な伝統芸能の稽古場に通った。その主なものは、能の仕舞・謡、義太夫節、狂言だった。一九九三年、国立劇場の外国人のためのITI歌舞伎ワークショップに参加し、一九九四年には、初めて自分の大学で学生浴衣歌舞伎の『車引』を演出した。以降、数年ごとに学生英語歌舞伎公演を行い、妻の協力で歌舞伎衣装を少しずつ揃《そろ》え、スケールの大きい素晴らしい公演も出来るようになった。二〇一六年、ついに念願の英語歌舞伎『仮名手本忠臣蔵』の公演が実現した。私が学生時代に経験したように、私の学生たちも「日本を演じる・創作する」体験を通して、日本伝統芸能の素晴らしさを十分に味わったのではないかと思う。

実は、初めて松井今朝子さんのことを知ったのは、三〇年ほど前だった。一九九〇年代後半、私は近松研究をしていた。当時、三代目中村鴈治郎（後の四代目藤十郎）が主宰する近松座の『傾城壬生大念仏《けいせいみぶだいねんぶつ》』の復活公演についての論文を書いていたが、その復活の台本作者が松井さんだったのだ。その後、松井さんの歌舞伎の本を読むようになり、私は松井さんの本の大ファンになった。松井さんの本の中の歌舞伎役者は、まるで生きている人間のように感じたからだった。

私の元には、毎年数冊の出版文化産業振興財団（ＪＰＩＣ）による翻訳シリーズの英訳出版が送られてきていた。それらの本を全て読む時間はなかったが、松井さんの*Kabuki, A Mirror of Japan*（『歌舞伎の中の日本』の英語題名）が届いた時には、すぐ読み始めた。さらに偶然なことだが、この本の翻訳者は私の親しい友人デイヴィッド・

クランダル（David Crandall）氏であった。

私は長年歌舞伎を研究し、翻訳し、演出しているが、松井さんの歌舞伎の知識は、私の歌舞伎の知識より百倍深く、そして広い。『歌舞伎の中の日本』には、私の知らないことがたくさんあった。それよりも嬉《うれ》しかったのは、松井さんの作品の解釈がとても新鮮で、この本を通して歌舞伎傑作十番について改めて多くのことを学んだことだ。

第一章に『暫《しばらく》』を紹介してあるが、これはとても良い選択だと思う。『暫』は長い伝統があり、荒事の代表作でもあり、歌舞伎継承の習慣をよく表している。この『暫』で一番大切なことは、タイミングの表現だ。英語の有名な諺《ことわざ》"In life Timing is everything."「人生はタイミングこそが全てだ」。演劇においてはさらにそうだ。*Kabuki, A Mirror of Japan* の第一章の題名は "*Shibaraku*: A Hero in the Nick of Time" である。この意味は「ギリギリに間に合う主人公」。舞台上で悪いことがおきたとき、登場人物も観客も救いを求める。その救いの人物が丁度間に合うように登場すると、観客は大喜びだ。初代團十郎は、この絶妙な間合いがわかり『暫』の場面を工夫したのではないだろうか。

このような状況場面は歌舞伎には沢山ある。『忠臣蔵』の塩冶判官切腹の場での由良之助の到着はその例だ。死ぬ前の対面は一つのクライマックスシーンで、作品の大見せ場になる。前半のヒーローから後半のヒーローへの「敵討ち」のバトンの受け渡しの場だ。切腹する前に判官は何度も心配そうに力弥に「由良之助はまだ来ぬか」と聞く。この場面で観客も心から由良之助の到着を願う。

私たちの英語歌舞伎『忠臣蔵』では、由良之助がやっと現れ、花道に走り出た時、観客は大いに盛り上がり、色々な言葉をかけた。中には大きな声で叫ぶ人もいた。

"Finally!" / "You're late!" / "Where were you?!" / "What took you so long?!"

由良之助は間一髪で間に合った！ Yuranosuke arrives "in the nick of time!"

第一章を読みながら歌舞伎の「タイミング」のことを考えた。荒事の作品では、よくタイミングが表現されると思う。私が初めて観、初めて翻訳した大好きな荒事作品『矢の根』も"Nick of Time"で終わる。しかし、この作品の「ギリギリに間に合う」ことは到着ではなく出発である。曽我五郎は馬を盗んで乗って退場する。きっとすぐに兄の十郎を難から救うだろうと観客もわかる。

第二章『廓文章』で、松井さんは日本人が大昔から魅了されている Romantic Hero をよく説明している。『源氏物語』の困っている時の光源氏、初代坂田藤十郎の「やつし」は、どちらも惨めな格好だけれど、おしゃれで、女性は彼らに魅了される。元禄時代の評判記にも光源氏と藤十郎の類似点が書いてあり驚いた。現代のテレビや映画のロマンスのドラマにも同じようなかっこいい「落ちぶれのヒーロー」が存在していると思う。

ポートランド州立大学で、私は毎年「江戸時代文学」を授業で教えてきたが、英訳『仮名手本忠臣蔵』は大切な作品の一つだ。授業で必ず出る質問がある。「どうして『忠臣蔵』は他の歌舞伎作品より良いのですか」

第五章『仮名手本忠臣蔵』の「等身大のドラマが共感を呼ぶ」の中にこの質問に対するとても良い答えがある。私は、十返舎一九の解釈も、松井さんの解釈も素晴らしいと思い、二〇二三年の冬期授業の講義に取り入れた。

第六章『夏祭浪花鑑《なつまつりなにわかがみ》』の「『恥の文化』と『我慢の美学《づら》』」の中で、松井さんは日本社会の中でのプライドのある日本人男性の生き辛さを紹介している。社会の義理やしきたりに縛られ、『夏祭』の団七のように堪忍袋の緒が切れて、暴力的な事件を起こす。

この章を読みながら、懐かしい思い出が浮かんだ。私が観た一番立派な『夏祭』は、二〇〇四年ニューヨークのリンカーン・センターで興行された中村座のテント公演だった。主役はもちろん十八代目中村勘三郎。私の一番好きな役者であり、素晴らしい演出家でもあった。私が大学で英語版歌舞伎を演出する時、勘三郎は、必ず私の英語歌舞伎の手本になる。勘三郎の演技・演出の第一の目的は、お客さんを喜ばせる事だったと思う。そのために会場の観客を劇のストーリーに入れ込んだ。ニューヨーク公演では、歌舞伎役者が客席に入って演じたり、最後の場面ではＮＹＰＤ（ニューヨーク市警察）の警察官がそのままChase scene（追いかけシーン）に加わったのには本当に驚いた。観客が喜んだのはもちろんのことだが、会場全体が大いに盛り上がった。私が演出する英語歌舞伎では、観客が舞台の人物に自由に掛け声をかけることを歓迎し、役者が客席に入る場面を必ず作っている。

第八章に私はとても感動した。歌舞伎には踊りは大切だが、踊りを言葉で表現することと、また踊りと戯曲の複雑な関係をはっきりと分析することはなかなか難しい。松井さんの解釈は簡潔で私にも十分理解できたことが嬉しかった。章の前半は踊りの種類の質と使い方、舞い、踊り、振り事、所作事、拍子事、口説き、怨霊事が分かりやすく説明してある。章の後半には、中村仲蔵の所作事傑作『関扉《せきのと》』が焦点になる。この作品の中の踊りが多様で、珍しいのもある。悪役の関兵衛が美女の小町を風刺する「わるみ」という滑稽な女踊りはその一つだ。踊りがこの作品のストーリーを語ると、どのように人物の精神や目的を表すかを松井さんは細かく解説している。踊り好き、歌舞伎好きの私は、この章が特に気に入っている。

江戸文学の授業で学生が一番好きな作品は『四谷怪談』で、Japanese Horror はアメリカ人にとても人気がある。『リング』を知らない若いアメリカ人はいないと思う。第九章の『東海道四谷怪談』は、それを如実に伝えている。私は、江戸文学の鶴屋南北の作品が Japanese Horror の源だと学生に教えているが、幽霊は、能や一七～一八世紀の歌舞伎・人形浄瑠璃にもよく出ている。しかし南北は、幽霊や人殺しを利用し、観客の恐怖心や悲鳴を起こすことが目的であった。松井さんの研究によると、演じる役者も怖い気分になるとのことだ。二〇二三年二月公演で観た十五代目片岡仁左衛門が演じた連続殺人鬼、藤田水右衛門は、正に歌舞伎の残酷の美を象徴する人物だと思う。私が観た全ての南北の作品には「毒の場」がある。悪党が毒で善人を殺す場面ほど冷たく残酷で卑怯《ひきょう》な場はないだろう。これが南北劇の特徴だ。毒の場の中で一番印象的なのは、『四谷怪談』お岩の髪梳《かみす》きの場だろう。実に悲しく可哀想《かわいそう》であり恐怖を煽《あお》る場面だ。

このような残酷で怖い歌舞伎は「日本社会の鏡」だろうか。そうではないと思うが、実社会でも時々残酷な人殺しや毒殺が出てくる。麻原彰晃とオウム真理教のサリン・ガス事件のように……。

歌舞伎の舞台では、人間社会の様々な有り様が表現され、三〇〇年に渡って観客を魅了してきた。

松井さんが『歌舞伎の中の日本』で書かれているように、人間のドラマ——喜び、笑い、涙、愛と対立は「歌舞伎の源」だと思う。

そして、人間の生き様は、歌舞伎の舞台上で「鏡」のように見事に映し出されている。

Kabuki is a mirror of Japan.

（ローレンス・コミンズ　ポートランド州立大学名誉教授）

本書は、二〇一〇年三月、NHK出版より刊行されました。

初出
「NHK知る楽　探究　この世界」二〇〇九年四・五月号

図版作成　小林惑名
口絵デザイン　テラエンジン